Christian Biet est professeur d'histoire et esthétique du théâtre à l'université Paris X-Nanterre. Il travaille tout particulièrement sur le théâtre des XVII^e et XVIII^e siècles. Il est l'auteur, dans cette même collection, des *Miroirs du Soleil* (sur la littérature du siècle de Louis XIV), et a dernièrement publié *Œdipe en monarchie* (Klincksieck, 1993), *Racine ou la passion des larmes* (Hachette supérieur, 1996) et *La Tragédie* (Armand Colin, Cursus, 1997), ainsi que de nombreux articles.



*Dépôt légal : mars 1998*
*Numéro d'édition : 85216*
*ISBN : 2-07-053449-9*
*Imprimerie Kapp Lahure Jombart, à Evreux*

# DON JUAN
## MILLE ET TROIS RÉCITS D'UN MYTHE

Christian Biet

DÉCOUVERTES GALLIMARD
LITTÉRATURE

Don Juan marchait un soir sur l'une des rives du Guadalquivir et cherchait à allumer son cigare. Une main, soudain, s'approcha de lui, tendant une allumette, un feu capable de lui rendre service, et cette main venait de l'autre côté du fleuve. C'était la main du diable. Satan étendait le bras pour le plus grand bonheur du jeune homme, lui offrant ainsi son soutien en matière de plaisir... C'est une histoire qu'on raconte encore à Séville.

## CHAPITRE PREMIER

# LE DON JUAN ESPAGNOL ET SA DESCENDANCE LIBERTINE

Défi? Inquiétude? Face à l'apparition de la femme et de la mort indissolublement liées, un jeune homme, fasciné, salue. Vivant, séduisant, pris entre les choses du monde et la manifestation du sacré. Sans en être l'illustration, ce tableau a bien des points communs avec l'histoire de Don Juan.

Pièces religieuses en un acte, les *autos sacramentales* des XVIe-XVIIe siècles espagnols (gravure ci-contre) célèbrent l'union de la liturgie et du théâtre. La musique, les décors éclatants représentant des épisodes sacrés, les chars ou les estrades mobiles contribuent à en faire de somptueux spectacles au service des dogmes de la foi. Le poète Calderón en écrivit environ quatre-vingts, dans la droite ligne de la pédagogie de la Contre-Réforme.

## L'histoire de tous les Don Juan

Don Juan sera espagnol, le plus souvent – sa première incarnation est sévillane –, grand seigneur et fier aristocrate regardant de haut le monde, avec morgue. Il séduira toutes sortes de femmes, des nobles napolitaines, des jeunes filles de bonne famille, des paysannes et de futures nonnes. Il épousera, ou souhaitera épouser : le mariage est pour lui à la fois un moyen de posséder autrui et une manière d'affronter Dieu en profanant un sacrement. Il tuera le père d'une de ses conquêtes, un commandeur qui, à la fin du drame, le punira sous les traits d'une statue de pierre. Il fuira les vengeurs de tout poil le long des chemins poudreux, se déguisera en valet, fera blasphémer les plus humbles. Il sera révolté, hypocrite ou impie, sûr de son désir quelles qu'en soient les limites.

«*Mille tre*» femmes séduites, entend-on sur un air d'opéra, «*Mille tre*» pourrait-on plus sûrement ajouter, en dénombrant les auteurs des multiples *Don Juan* et tout autant d'histoires, parfois éloignées les unes des autres, diverses dans le déroulement des faits, mais toujours comptables des questions initiales.

## L'acte de naissance de Don Juan : Tirso de Molina

1625-1630, Don Juan naît sur les planches d'un théâtre, déjà grand seigneur et déjà méchant homme. Abuseur maudit et aventurier, gentilhomme sévillan et vaurien : *burlador*. Fray Gabriel Tellez, moine de l'ordre de la Merci et grand auteur dramatique du moment sous le nom de Tirso de Molina, inaugure le mythe avec une somptueuse comédie baroque.

A Madrid, dans l'enclos d'un corral entre deux maisons, avec une scène au fond, une comédie d'aventures se joue. *Capo y spada*, «cape et épée», sont les mots qui définissent cette *comedia* en trois actes. On se bat, on tue, on se déguise et l'on voyage, de Naples à Séville, du bord de la mer au village de campagne. Le public turbulent veut de l'action, des passions, de la justice, de la *burla*, c'est-à-dire du jeu, de la feinte et des travestissements. Un bon auteur sait se plier à ces désirs.

Tirso de Molina (1583-1648), moine et écrivain (à gauche), écrivit quelques *autos sacramentales*, mais se rendit célèbre surtout par ses comédies (il en composa plus de trois cents). Destiné à un large public, le théâtre du Siècle d'Or espagnol avait pour fonction de renforcer la cohésion sociale, morale et politique; les pièces se donnaient aussi bien sur les places publiques (ci-dessous) qu'à la cour.

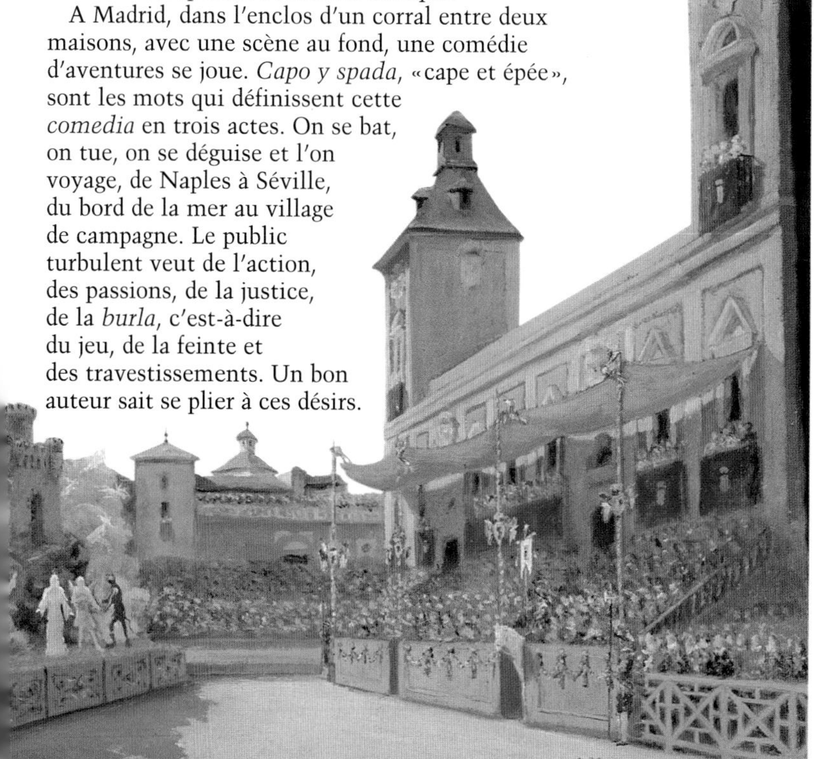

Mais lorsqu'il se double d'un moine, le dramaturge veille au grain et n'oublie pas que la théologie doit seconder le spectacle. Il y aura donc, outre des aventures et des meurtres, un sens transcendant, une fable sur l'homme soumis à la justice de Dieu.

## Don Juan Tenorio, «Le Trompeur de Séville»

Après s'être introduit nuitamment dans le palais royal de Naples pour tenter de séduire la duchesse Isabelle en se faisant passer pour son fiancé, le duc Octavio, Don Juan Tenorio doit fuir vers l'Espagne. Sauvé d'un naufrage grâce à son serviteur Catalinon, il jouit de l'hospitalité d'un pêcheur et de sa très jeune fille, Thisbée. Il promet le mariage à Thisbée, la déflore et s'enfuit à Séville. Là, le roi, qui connaît le forfait napolitain, condamne Don Juan à réparer ses torts en épousant Isabelle, tandis qu'il donne au duc Octavio la femme que Don Juan devait épouser, Doña Ana, fille du commandeur de Calatrava.

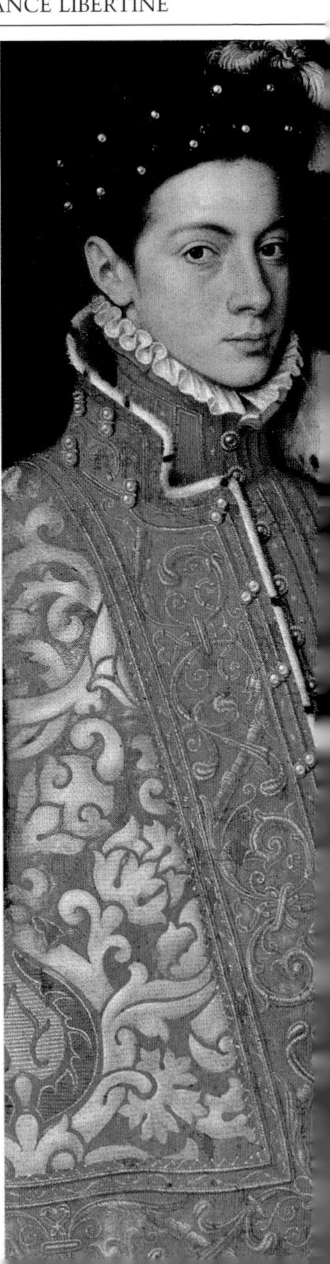

Don Juan intercepte une lettre de Doña Ana au marquis de La Mota, élu de son cœur et compagnon de débauches du *burlador*, dans laquelle elle lui propose de précéder le mari qu'on lui ordonne de prendre. Dès lors, Don Juan se met en tête de précéder Mota : couvert de la cape du marquis, il entre dans

EL BVRLADOR DE SEVILLA,
y combidado de piedra.
COMEDIA
FAMOSA.
DEL MAESTRO TIRSO DE MOLINA.

le palais du commandeur et veut forcer Doña Ana qui résiste et réveille son père. Pour fuir, Don Juan doit tuer le commandeur. Il se réfugie dans un village près de Séville alors qu'on arrête La Mota. Invité au mariage de deux paysans andalous, Batrice et Aminte, il décide encore une fois d'être le premier, écarte le futur époux en le persuadant qu'il est déjà l'amant de sa femme, et convainc le père d'Aminte et Aminte elle-même qu'il faut l'épouser. Don Juan rentre à Séville, se cache dans une église où son valet l'informe que le commandeur est enterré. Saisissant par la barbe la statue que le roi d'Espagne en a fait ériger, il l'invite à souper. Tout s'accélère alors : Isabelle, Thisbée, Aminte et son père, Octavio enfin cherchent à se venger. La statue se rend à l'invitation et, à son tour, convie Don Juan à venir le saluer, le lendemain dans la chapelle. Don Juan, courageux, tient parole et partage un repas infernal, fait de scorpions et de vipères. Mais lorsqu'il veut prendre congé, la statue lui ordonne de lui donner la main, comme

En trois *journées* entrecoupées d'intermèdes, *Le Trompeur de Séville et l'invité de pierre*, dont le texte sera publié en 1630 (ci-dessus), met en scène les aventures d'un personnage pris pour son malheur dans le théâtre du monde, entre la réalité et l'illusion.

Au sein de cette ville prospère qu'est encore Séville au début du XVIIe siècle (à gauche), un jeune noble, un *burlador*, défie toutes les règles. Inexcusable imposture d'un homme qui se dresse contre les lois les plus sacrées, Don Juan Tenorio dévale sa vie d'homme, trop vite, trop loin, trop fort et avec trop d'assurance. Ce n'est pas un athée endurci, mais un pécheur insouciant qui poursuit son chemin sans vergogne et affirme qu'il a bien le temps de voir venir le moment du repentir.

il l'a demandé à tant de femmes, une main de feu qui fait alors payer à Don Juan ses sacrilèges. Catalinon rend compte au roi du prodige, devant l'ensemble des victimes venues demander justice.

## Justicier masculin, châtiment divin

Objet constant des désirs de Don Juan, les femmes ne sont pas ici de simples victimes. Selon Fray Gabriel Tellez, le droit des pères de marier leur fille selon leurs intérêts est menacé par le déchaînement du corps féminin. Don Juan Tenorio, qui lui-même dénie à son père toute autorité à endiguer ses actions maléfiques, est donc le «châtiment des femmes», la punition des femmes inconstantes, plus sensibles à leur réputation qu'à leur véritable vertu. Il n'y a du reste que son valet couard, servile et moralisateur, pour éprouver un minimum de compassion pour les femmes avilies.

Quant au personnage de Don Juan, il ne s'agit pas d'un séducteur insatiable qui s'abolit dans la collection et qu'on sanctionne parce qu'il a trop séduit, mais bien plutôt d'«un homme sans nom» qui outrepasse ses droits et profane ses devoirs de fils, de mari, d'aristocrate, de sujet et de créature. Devant tant d'arrogance, unis dans la même justice, Dieu et le roi le punissent de manière spectaculaire. Le présomptueux *burlador* s'est ri de tout et de tous, croyant qu'il aurait le temps de s'amender. Or il y a des limites à la miséricorde divine et, au tout dernier instant, lorsqu'il demande la confession, la statue du commandeur la lui refuse : «Trop tard!»

Que sont les fastes du monde, les charges les plus sacrées, les honneurs, les connaissances et les possessions terrestres devant la mort? Cette réflexion obsède tout autant le théâtre que la peinture du Siècle d'Or. L'art semble se délecter à représenter les signes de la décomposition, comme si le mort n'était jamais assez mort, comme si la vie n'était que le déguisement de notre fin dernière. Les deux tableaux baroques, ci-dessus et à droite, sont accrochés dans la chapelle de la Santa Caridad à Séville, en face d'un portrait de Don Miguel de Mañara.

## La machine du mythe

Ce que Tirso a fixé sans le savoir, ce sont les invariants du mythe, en les arrachant à des récits divers qui tiennent au fonds traditionnel de l'Occident chrétien : celui du mort offensé qui vient de l'Au-delà rendre justice, celui du vivant qui veut affronter la mort en dînant avec elle, celui encore de l'arrogant Prométhée moderne qui défie les puissances célestes et terrestres, celui enfin du fils révolté, nouvel Icare exprimant son désir de liberté. De plus, Tirso lie cette histoire sacrée à la séduction et au plaisir : celui qui se moque de la mort se moque aussi de l'amour, des femmes et du mariage. Ces constantes vont ainsi se placer le long d'une intrigue dont la multiplicité des épisodes autorise de nombreux infléchissements, ajouts ou suppressions.

Après avoir goûté une vie de turpitudes, Don Miguel de Mañara (1627-1679, ci-dessous), riche Sévillan d'origine corse, se convertit à la sagesse de Dieu et entra dans la confrérie de la Charité à laquelle il donna tous ses biens. Par testament, il exigea d'être enterré sous le portail d'entrée de la chapelle de la Santa Caridad, «pour que tous foulent aux pieds [son] corps immonde, indigne de reposer dans le temple de Dieu», et fit graver sur son sépulcre : «Ici gisent les restes du pire des hommes qui fut au monde. Priez pour lui.» On l'a parfois désigné comme possible modèle du Don Juan de Tirso de Molina; ses dates de naissance et de mort laissent penser qu'il en fut un parallèle réel. Il sera une source d'inspiration pour les écrivains des XIX^e^ et XX^e^ siècles.

La machine est lancée, le mythe littéraire mis en place. Cependant, quelles que soient les modifications, il sera toujours possible de reconnaître la trame initiale, profondément marquée par la lutte entre l'homme d'orgueil et de raison et le dieu de justice. L'essentiel de la pièce repose alors sur l'erreur de Don Juan, qui n'a pas su percevoir la bienveillance de Dieu au travers des avertissements de la statue.

L'histoire de Don Juan devient un scénario classique pour les troupes italiennes, qui se produisent dans les villes et les villages (ci-dessus). Elles simplifient et laïcisent la légende pour l'adapter à leurs schémas comiques : le mythe est parodié, déformé, mais il se propage.

## Les droits du spectacle

A la subtilité de ces éléments s'ajoutent le plaisir du spectacle, la joie de voir sur scène une machine, un homme de pierre qui marche et qui fait peur. L'histoire voyage, transportée par les troupes de théâtre qui l'intègrent à leurs traditions. Les canevas anonymes italiens des années 1650 (*Il Convitato di pietra* et *L'Ateista fulminato*) importés en France par les Comédiens-Italiens, en témoignent. Dans le *Convitato di pietra*, joué à Paris en 1657, le valet Arlequin fait l'essentiel du spectacle. C'est lui qui s'amuse à amplifier la liste des conquêtes de Don Juan, et sa terreur est au cœur de la pièce. La comédie fait du maître le faire-valoir de son valet et les prend tous deux dans une mécanique farcesque.

Dans le travestissement comme dans la morale, Don Juan et Arlequin ont donc partie liée, jusqu'à ce que le maître rosse le valet et que le valet dénonce

Sans les *lazzi*, les gags et les distorsions des comédiens italiens, l'aventure de Don Juan en serait peut-être restée à Tirso de Molina. Don Juan, dans la *Commedia dell'arte*, représente la terre sans le ciel, et toute la jouissance qu'on peut en tirer, l'immédiateté, l'ardeur et l'érotisme. De plus, en jouant sur l'alternance du grave et du facétieux, les Italiens ouvrent la légende de Don Juan et la rendent propre à toutes les adaptations futures.

sa violence. Arlequin révèle que Don Juan, comme tous les puissants du monde, mérite depuis toujours d'aller en enfer. Si la rancœur antinobiliaire a ici ses limites (c'est le destin qui décide des positions sociales), elle est nouvelle dans cette histoire, au risque de laïciser la fable. Elle ne suscite pas l'indignation, mais seulement un rire cruel, limité par le plaisir du jeu et la machine du comique.

Maître ou valet, *Matamore* ou *gracioso*, le rôle de l'Espagnol est un classique dans la comédie du XVII^e siècle.

Molière (ci-dessus, à l'extrême gauche) est un excellent élève autant des farceurs français que des comédiens italiens. Ne dit-on pas qu'il a puisé son jeu dans l'observation de Scaramouche (à droite, en noir), à la fois personnage et acteur de la *Commedia dell'arte*? Son Sganarelle n'en sera que plus ridicule.

## Molière, de «Tartuffe» à «Dom Juan»

Spectacle et philosophie, homme et Dieu, valet ridicule et maître maudit, liberté choisie et punition divine, c'est à partir de cet ensemble composite que Molière va travailler, et dans une atmosphère particulièrement tendue. Son *Tartuffe* est interdit depuis l'année précédente au nom du roi mais, en fait, sur l'avis de la reine mère et de l'archevêque de Paris. Malgré les quelques représentations que la troupe a pu faire en privé chez Condé et la princesse Palatine, la situation reste bloquée pour longtemps. Accusé d'athéisme et de libertinage, Molière a contre-attaqué par un placet adressé au roi, l'assurant de sa foi chrétienne, mais aucun pardon n'est advenu. Il doit cependant faire vivre ses comédiens par un succès au théâtre. Cherchant une programmation nouvelle pour la saison d'hiver, il reprend le sujet populaire du «Festin de pierre». Cette comédie sera une réponse aux ennemis de *Tartuffe* en même temps

IL CONVITATO
DI PIETRA
OPERA ESEMPLARE
Del Signor
GIACINTO ANDREA
CICOGNINI,
Dedicata al Molt'Ill. Sig.e Pad.
mio Osseruandiss. il Sig.
CARLO ANTONIO
CORRADI
Scalco dell'Eminentiss. Sig. Card.
RASPONI.
IN RONCIGLIONE. 1671
Con licenza de' Superiori.
Si vedono in Roma in Nauona da
Francesco Lupardi Libraro.

L'histoire de Don Juan est passée en Italie avec *Le Convive de pierre*, attribué à Cicognini (vers 1645) et *L'Athée foudroyé* (scénario anonyme, milieu du XVII^e^ siècle). Après les auteurs italiens, Dorimon, Villiers, puis Molière et, plus tardivement, Rosimond (*Le Nouveau Festin de pierre ou L'Athée foudroyé*, 1669) utilisent en France aussi bien les canevas italiens que la source espagnole – le texte de Tirso de Molina – pour élaborer leurs intrigues et camper leurs personnages.

qu'un éclatant spectacle donné pour la grande fête du Carnaval de 1665. Plus que le souvenir du *Burlador de Séville* de Tirso de Molina, représenté dans les années 1630 par les acteurs de la *Commedia dell'arte*, Molière vise le succès des Comédiens-Italiens de 1657 et celui des *Festin de pierre* français de Dorimon et de Villiers.

## De l'insouciant pécheur à l'ange révolté

Successivement, Dorimon et Villiers, deux auteurs français du XVIIe siècle, ont en effet repris le thème sous le même titre : *Le Festin de pierre ou le fils criminel* (1659 et 1660). Mais Don Juan a changé. Si jamais le *burlador* de Tirso n'avait douté que le Ciel existât, maintenant, en France comme en Italie, l'« athée foudroyé » est accusé d'avoir sciemment dénié la puissance de Dieu.

Don Juan, fils dégénéré et révolté, gifle son père et, plus tard, le tue, dans les deux pièces françaises. Il blasphème par orgueil et se détache du Père comme il renie Dieu. Ainsi est-il véritablement englouti par la justice divine qui le condamne aux enfers. Face à la punition, il fait preuve de courage, d'honneur, exprime toute la fierté d'être homme face au surnaturel.

Symbole d'athéisme, de lèse-majesté, d'offense à la piété de la reine mère, telle est l'image que les dévots entendent donner de Molière. Il faut dire qu'après l'interdiction de *Tartuffe* l'auteur avait à nouveau frappé les esprits en prenant pour héros Don Juan, un libertin sans scrupules. Pouvait-il alors compter sur le jeune roi et sur sa cour pour le défendre? Pari audacieux, mais qui semblait ignorer que, malgré sa bienveillance, Louis XIV ne pouvait protéger un écrivain qui s'attirait les foudres du parti religieux (ci-dessous, Molière à la table du roi).

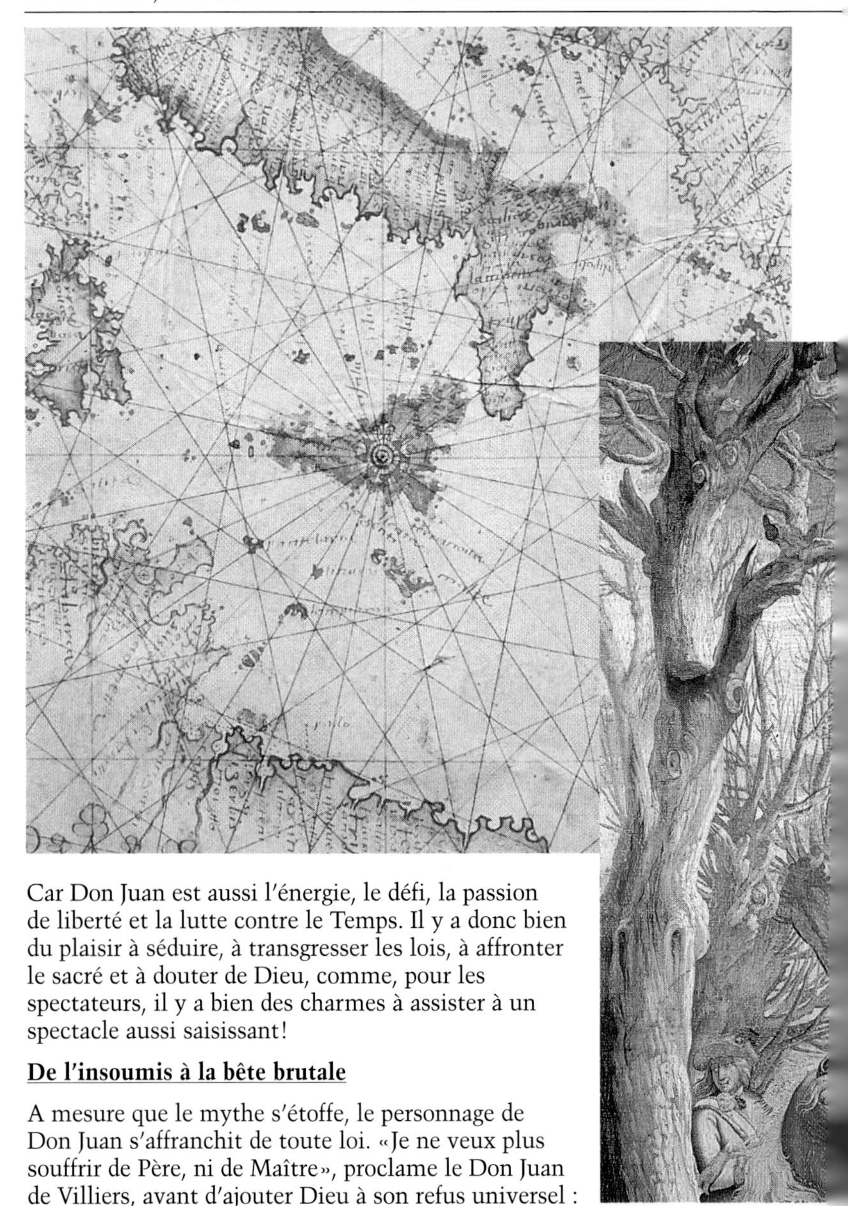

Car Don Juan est aussi l'énergie, le défi, la passion de liberté et la lutte contre le Temps. Il y a donc bien du plaisir à séduire, à transgresser les lois, à affronter le sacré et à douter de Dieu, comme, pour les spectateurs, il y a bien des charmes à assister à un spectacle aussi saisissant!

**De l'insoumis à la bête brutale**

A mesure que le mythe s'étoffe, le personnage de Don Juan s'affranchit de toute loi. «Je ne veux plus souffrir de Père, ni de Maître», proclame le Don Juan de Villiers, avant d'ajouter Dieu à son refus universel :

«Et si les dieux voulaient m'imposer une loi, / Je ne voudrais ni Dieu, père, maître, ni roi!» Seul l'emploi du conditionnel préserve à peine le jeune libertin d'un athéisme de combat. Ce Don Juan-là «ne prescri [t] point de borne à [ses] plaisirs», veut jouir de tout son être, de sa beauté reconnue. Animal sauvage, il ose défier le ciel. Pour lui, le ciel est vide, seul le destin existe. Et le destin n'est qu'un principe aveugle qui tolère aveuglément le mal comme le bien. Le défi du jeune homme est à la mesure de sa lutte. Sous les coups d'un tonnerre spectaculaire, le théâtre le punit parce qu'il faut bien punir les libertins, mais sait aussi le rendre beau, attirant et fort. Par-delà le bien et le mal, il n'y a même plus de blasphème. Et Don Juan devient un «brutal» condamné par l'auteur, un «esprit fort», un libertin méchant et séduisant, prototype de ces libertins que stigmatisent alors les apologistes chrétiens.

## Le fil du romanesque au service du spectacle

Longtemps réfléchie et vite écrite, en prose, la comédie du *Festin de pierre* reprend la trame espagnole, que Molière concentre. Chez lui, Dom Juan est un prince, raffiné et parlant bien, un aristocrate presque abstrait. Il vit en Sicile, lieu de convention théâtrale qui présente aussi l'intérêt d'être un lieu clos : une île qu'il parcourt en tous sens.

Le Dom Juan de Molière sillonne la Sicile, enfermé dans cette île bien commode pour installer une aventure à la fois lointaine, théâtrale (Naples et la Sicile sont souvent des décors de comédie) et aussi vraisemblable : pays italien appartenant au roi d'Espagne, ce lieu de convention prend en effet tout son sens avec l'intrigue du *burlador*.

L'intrigue de *Dom Juan ou le Festin de pierre* ne craint pas les invraisemblances et s'apparente plutôt à la tragi-comédie qu'à la comédie classique. La pièce semble partir en tous sens. Le personnage de Dom Juan est, par nature, exagéré et sans mesure. Si nous avons du mal à croire à ses courses invraisemblables, à ses centaines de conquêtes féminines, à ses défis diaboliques et à ses blasphèmes, nous le prenons néanmoins pour un héros qui ne craint pas le châtiment du ciel.

«Le feu de mes jeunes années /
Ne peut souffrir encor mes passions bornées, /
Il ne saurait donner de règle à mes désirs.» Ainsi s'exprime le Don Juan de Villiers devant son père désespéré, qui le supplie : «Désille-toi les yeux, et n'abandonne pas / Trop inhumainement ton vieux Père au trépas.»

Cette histoire en épisodes, définie par le parcours d'un héros à travers le temps et l'espace, permet de mettre en scène des obstacles romanesques : une tempête à laquelle on échappe, une scène au bord d'une plage avec des paysans naïfs, une fuite éperdue devant des frères vengeurs à la recherche d'un «épouseur à toutes mains», un duel évité, un retour chez soi où le héros devra esquiver les justes demandes d'un créditeur bourgeois et les légitimes reproches d'un père indigné. On reprendra la vieille histoire de la statue animée, symbole de la punition divine et, pour la beauté et la force du spectacle, il y aura sur scène un grand tombeau monté sur trois marches, peint en imitation de plusieurs couleurs, orné de figures de femmes pleurant, le tout rehaussé d'or, et une machine surprenante sous forme de statue animée.

## L'exemple des véritables libertins

S'il entend bien, le spectateur averti trouvera de petites surprises évoquant quelques anecdotes bien connues de célèbres libertins. Car ce Dom Juan peut être aussi un nouveau chevalier de Roquelaure, athée de renom et porte-parole de la libre pensée,

« A quoi bon tant craindre / Les horreurs du tombeau / Quand on voit éteindre / De nos jours le flambeau? / L'âme est une étincelle, / Et tout ce qu'on dit de l'esprit / Est bagatelle. » Les couplets libertins anonymes couraient dans Paris encore au temps de Molière. Cependant, ils étaient surtout à la mode dans la première moitié du siècle. Aussi, Dom Juan pourrait bien incarner l'un de ces athées impénitents des années 1640, autrement dit, en 1665, le représentant d'une figure passée, nostalgique, un héros presque disparu, dont il est urgent de donner à voir les derniers instants.

❝Les esprits qui se disent être forts sont les plus faibles du monde et le peu de sentiment qu'ils ont dans la divinité les fait paraître hébétés.❞

Fitelieu, *La Contre-mode*, 1642

François de La Mothe Le Vayer (1588-1672, ci-contre) est, avec Gassendi, l'une des figures majeures du courant libertin. Grand lecteur d'Epicure, doutant de tous les dogmes, il démontre dans ses écrits qu'aucune religion ou irréligion ne comporte un caractère d'évidence. Molière, qui l'a lu et connu, n'est pas insensible à ses arguments.

à qui l'on prête tant de forfaits. On dit qu'il chantait des chansons obscènes pendant l'office, entonnant des airs devant les jeunes filles à propos des voluptés de Sodome, qu'il cherchait Dieu partout dans les églises en disant qu'il ne Le voyait pas, qu'il avait communié sur le ventre nu d'une femme dans un jeu de paume à Toulouse et qu'il avait osé profaner le sacrement du mariage en mariant des chiens. On ajoutait que Roquelaure, dans une maison de jeu, avait insulté ce «bougre de Dieu», «Jésus-Christ, et sa foutue mère et toute la Cour céleste» parce qu'il perdait aux cartes; qu'il avait tiré son épée, l'avait plantée dans la table de jeu et, alors qu'on voulait le calmer, avait déclaré : «Dieu peut venir, je le transpercerai!» En sortant de l'établissement, il avait entendu un pauvre blasphémer et lui avait lancé : «Hé! l'ami, c'est fort bien à toi. Voilà cinq sols pour ta peine. Recommence, si tu veux d'autre argent.»

De là à conclure qu'en rédigeant la scène du pauvre et en montrant son Dom Juan batailler avec une ombre ou avec Dieu, Molière rendait hommage avec ostentation à un collègue en athéisme mille fois condamné pour avoir outragé les choses les plus saintes, il n'y avait qu'un pas, que bien des spectateurs franchissaient, selon leurs idées, dans l'horreur ou l'enthousiasme.

Molière en saint Jean-Baptiste, image parodique, voire blasphématoire, d'un Jean-Baptiste Poquelin au sourire ironique et tenant, à la place d'un livre de messe, son propre *Dom Juan*. Ne peut-on mieux représenter Molière en libertin? Et le donner à voir comme l'un de ceux qui peuvent effaroucher les vertueux serviteurs de la religion.

« L'effroyable *Festin de pierre*
Si fameux par toute la terre,
Et qui réussissait si bien,
Sur le Théâtre Italien,
Va commencer l'autre semaine,
A paraître sur notre scène,
Pour contenter et ravir ceux
Qui ne seront point paresseux,
De voir ce sujet admirable,
Et lequel est, dit-on, capable,
par ses beaux discours, de toucher
Les cœurs de bronze et de rocher... »

Le gazetier Loret, février 1665

# CHAPITRE II
# DE MOLIÈRE À MOZART

« Car le rare esprit de Molière, / L'a traité de telle manière / Que les gens qui sont curieux / Du solide et du beau sérieux / S'il est vrai ce qu'on en conte, / Sans doute y trouveront leur compte », ajoute le gazetier... Cent vingt-deux ans plus tard, Mozart et Da Ponte mêleront, eux aussi, l'horreur et l'émotion.

## Dom Juan, ou l'ambiguïté libertine

On se pressa à la première de *Dom Juan*, le 15 février 1665. Du beau spectacle, le public en eut : la fin extraordinaire de cette comédie montra Dom Juan, impie puni par la statue vivante, abîmé dans les feux de l'Enfer dans un grand fracas de décor rappelant les fins du monde des pièces à machines.

On adora, et l'on put même se rassurer en observant qu'un mauvais fils et bouillant libertin avait subi le supplice fatal, comme c'était depuis longtemps l'usage : Molière ne contrevenait apparemment pas à la tradition puisqu'il damnait l'infâme. Mais à bien y regarder, le projet

D. JUAN.

Ce que je croy ?

SGANARELLE.

Oüy.

D. JUAN.

Je croy que deux & deux ſont quatre, Sganarelle, & que quatre & quatre ſont huit.

d'édification morale et religieuse laissait beaucoup à désirer. *Dom Juan*, littéralement, suspendait le sens et plaçait tout spectateur dans un état où l'indécision restait entière. Les paradoxes s'enchaînaient sans qu'il fût possible de trancher absolument entre la violence athée et la morale. C'était tout le principe de l'écriture libertine : laisser le lecteur, le spectateur, juger, les guider, sans dogmatisme et avec le sourire, jusqu'à la conclusion que toute vérité est impossible.

L'acteur La Grange, fier et distingué, incarnait Dom Juan, cet homme universel et pourtant particulier. Face à lui, et en symbiose avec lui, Molière installait un jeu ambigu. Fasciné, comme le public, mais critique, comme lui aussi, devant les gestes et les déclarations du maître, Molière-Sganarelle était ridicule en bien des points lorsqu'il

Dès les premières lignes, l'éloge du tabac introduit la facétie, le jeu traditionnel de l'éloge paradoxal qui consiste à vanter les qualités d'un objet sans qu'on puisse savoir s'il s'agit d'une parodie d'éloge ou d'une véritable prise de parti. D'un côté, Sganarelle vante l'heureuse jouissance, honnête et partagée, qu'il y a à prendre du tabac, plaisir moderne (à droite, une allégorie de l'odorat exprimée à travers l'image du tabac) qu'on peut opposer aux mœurs sauvages et impies de Dom Juan; de l'autre, carrément ludique et propre à la farce, cet éloge est donc sans crédibilité possible.

L'honnêteté serait-elle ridicule ou Sganarelle aurait-il raison? Le valet fait l'apologie d'une « matière » idéale qui permet aux hommes de se réunir dans la paix et le plaisir. Mais cette *matière*, il dit qu'il faudra la « laisser » tout de bon, de peur de sombrer, avec ceux qui ne considèrent que la *matière*, les matérialistes, dans l'impiété. Le maître, quant à, lui, n'affirme qu'une certitude : que « deux et deux font quatre ».

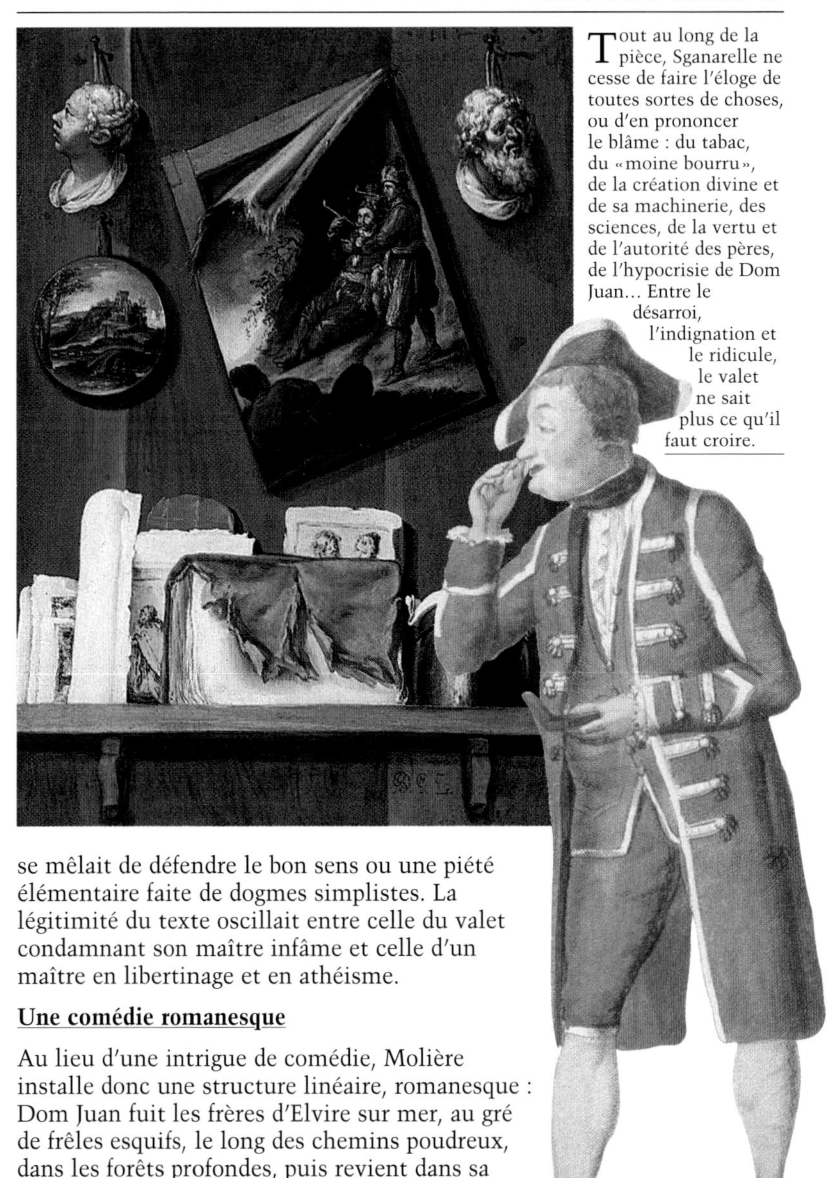

Tout au long de la pièce, Sganarelle ne cesse de faire l'éloge de toutes sortes de choses, ou d'en prononcer le blâme : du tabac, du «moine bourru», de la création divine et de sa machinerie, des sciences, de la vertu et de l'autorité des pères, de l'hypocrisie de Dom Juan... Entre le désarroi, l'indignation et le ridicule, le valet ne sait plus ce qu'il faut croire.

se mêlait de défendre le bon sens ou une piété élémentaire faite de dogmes simplistes. La légitimité du texte oscillait entre celle du valet condamnant son maître infâme et celle d'un maître en libertinage et en athéisme.

## Une comédie romanesque

Au lieu d'une intrigue de comédie, Molière installe donc une structure linéaire, romanesque : Dom Juan fuit les frères d'Elvire sur mer, au gré de frêles esquifs, le long des chemins poudreux, dans les forêts profondes, puis revient dans sa ville pour y être puni.

Cette structure, hachée, repose sur des épisodes distincts et parfois interchangeables.

Alors que toutes les comédies de l'époque se fondent généralement sur la volonté d'un jeune couple de se marier malgré les obstacles sociaux, Molière inverse le principe en montrant, dès le début de la pièce, un jeune homme marié qui fuit le mariage. *Dom Juan* crée immédiatement le scandale en s'attaquant à un sacrement religieux doublé d'une institution garante de la famille et de la société! Si la femme est abandonnée, l'honneur aristocratique n'est pas mieux traité, puisque Dom Juan l'observe ou s'en moque, selon ses envies, face aux frères d'Elvire. Les devoirs filiaux sont bafoués lorsqu'il affronte son père ou qu'il s'en joue. Et la pauvre vertu intéressée des bourgeois âpres au gain devient objet de ridicule quand Dom Juan éconduit Monsieur Dimanche, avec toute la hauteur d'un grand aristocrate méprisant et désargenté.

Mais là ne s'arrêtent pas les transgressions et les ambiguïtés, car *Dom Juan*, non content de s'attaquer à l'esthétique de la comédie, à l'amour charmant qui en est le ressort, à la famille et au mariage qu'elle défend, s'en prend aussi aux valeurs les plus sacrées : les valeurs religieuses.

**Oui, vous me voyez revenu de toutes m**

**& le Ciel tout d'un coup a fait en moi un**

La «scène du pauvre» (ci-contre) fit scandale : on y voyait Dom Juan rencontrer un pauvre ermite, ridiculiser la charité chrétienne (si souvent représentée dans les tableaux religieux de l'époque, ci-dessus) et après avoir en vain cherché à faire jurer le pauvre homme, lui jeter une pièce d'or «pour l'amour de l'humanité».

Déjà représentée dans *L'Athée foudroyé* italien et dans les pièces de Dorimon et Villiers, la rencontre entre le libertin jouisseur et le croyant pauvre est poussée jusqu'à ses dernières conséquences. Même perdant, le gentilhomme pour lequel Dieu est juste bon pour le peuple imbécile ne s'en réfère qu'à l'«humanité». Dom Juan ne reconnaît rien d'autre que son identité d'homme.

reurs, je ne ſuis plus le même d'hier au ſoir
gement qui va ſurprendre tout le monde.

## Le triomphe de l'athée?

Molière en Sganarelle, dès le premier acte, ridiculise la croyance commune sous couvert de la défendre : il accuse son maître de ne croire ni en Dieu, ni au diable, ni au loup-garou. Dom Juan, lui, n'a pour tout dogme que le fait que deux et deux font quatre. Et son valet, en cherchant à le contredire, s'embrouille et se casse le nez. La scène du pauvre, insulte à la charité chrétienne, montre que, malgré la résistance du malheureux croyant, le pouvoir de l'argent sait se joindre au plaisir du blasphème.

Athée, mais aussi inconstant, fuyant, déguisé, éternellement comédien, baroque en un mot, le Dom Juan de Molière exprime une sorte de dangereuse nostalgie pour un éclat perdu. Il est le représentant de la hauteur et de la morgue aristocratiques qui défient le monde. Derniers feux de cette classe déjà bien éprouvée par la Fronde?

Le FESTIN de PIERRE.

Enfin, la concupiscence de Dom Juan pour Elvire, lorsqu'il s'aperçoit qu'elle appartient à Dieu, et son attitude de Tartuffe quand il promet de s'amender – l'hypocrisie est le plus sûr des refuges – versent délibérément dans la provocation. Dom Juan, « grand seigneur méchant homme », collectionne les vices en restant séduisant, voire triomphant. Et seule l'intervention surnaturelle, magique, théâtrale, de la machine-statue, est en mesure de le punir. Mais cette statue, ni vraiment machine ni vraiment homme, qu'est-elle donc ? Un artifice divin ? Une ombre surnaturelle faite de roues et de crémaillères ? Quelle loi représente-t-elle ? Trop de questions insolubles, trop de problèmes posés, trop d'irrespect enfin : même puni, le héros athée reste maître du jeu théâtral.

*Dom Juan* se termine par une scène de machine au sein d'un « Enfer », un tableau somptueux et spectaculaire fait de lumières et de machines à couper le souffle. A ceci près qu'on ne terminait généralement pas un spectacle par un Enfer, mais par une « Gloire », apothéose paradisiaque, mise en scène lumineuse accompagnée d'une débauche de flambeaux, le plus souvent en l'honneur du roi. Nouvelle infraction de Molière au code de la représentation, nouvelle parodie grinçante et impie ? Le théâtre se détruisait par un effet grandiose, certes, mais pour laisser quelle leçon ?

## Dom Juan retiré

Devant tant d'emportement et d'ambiguïtés, les dévots se devaient de réagir. Comme ils avaient gagné leur premier combat en supprimant *Tartuffe*, il était de bonne politique qu'ils poursuivent leur avantage. Molière le sentit et, lors de la deuxième représentation, il atténua quelques traits particulièrement vifs.

Le FESTIN de PIERRE.

LE FESTIN DE PIERRE.

Cependant, sa pièce sentait encore bien fort l'exercice théâtral de libertinage érudit.

On entendit tonner la foudre du haut des chaires. Devant les attaques les plus violentes, Molière dut à nouveau retrancher plusieurs passages des plus propres à exciter la censure. Enfin, au carême, après la quinzième représentation, il retira prudemment et définitivement la pièce de l'affiche, sans qu'aucune interdiction formelle n'eût été prononcée. Lassitude? Indifférence? Molière avait capitulé. Les libelles des dévots avaient exigé une réparation publique, en particulier à propos de la scène du pauvre, de l'épisode du «moine bourru» et de la dernière réplique de Sganarelle («Mes gages, mes gages!»); ses amis le défendirent, mais jamais Molière ne répondit directement : il était trop tard. Le comédien ne rejoua jamais sa pièce et ne chercha point à la publier. Les dévots avaient, une nouvelle fois, gagné.

Une fois que Dom Juan a disparu, Sganarelle vient sur l'avant-scène, affirme qu'il n'a pas été payé et réclame son argent. Peut-on ainsi rappeler au public qu'il est bien au théâtre, qu'il a vu Dom Juan disparaître dans une trappe et qu'il doit payer pour cela? Thomas Corneille, en adaptant la pièce, supprimera ce passage et le remplacera par une morale de convention : «Il est englouti, je cours me rendre ermite. / L'exemple est étonnant pour tous les scélérats, / Malheur à qui le voit et n'en profite pas».

C'est au XVIIIe siècle que le libertinage change de sens. Certes, il rassemble encore des esprits forts, des libres penseurs et des athées, faisant preuve de scepticisme philosophique devant les choses sacrées, mais là n'est plus vraiment la question. Le libertinage se laïcise, descend dans les corps, récuse maintenant toute exigence morale et sociale de modération, affirmant le droit à la recherche individuelle du plaisir. Les libertins deviennent de simples roués (dont Hogarth, page de gauche, en haut, illustre la *Carrière*), des compagnons d'orgie appliquant leur liberté au domaine érotique. Les émules de Don Juan entrent dans un domaine littéraire plus vaste, prennent les traits de Lovelace (dans *Clarisse Harlowe* de Richardson), de Valmont et, pire, de Merteuil, une femme (dans *Les Liaisons dangereuses* de Laclos). Durs de cœur, rusés, dissimulateurs, séducteurs avant tout, ils collectionnent, calculent les capitulations et méprisent les sentiments. « Aucune femme au monde ne peut résister à la persévérance d'un amant, s'il sait proportionner son attaque à ses inclinations : c'est le premier article du code des libertins », affirme Lovelace.

## «Dom Juan» expurgé

L'histoire de *Dom Juan* ne s'arrête pas là, la pièce de Molière devenant elle-même une sorte de mythe. Recueillie parmi les textes posthumes de l'auteur (mort en 1673), elle fut successivement censurée en 1682 par les éditeurs puis par la police. Parallèlement, la troupe de Molière demanda à Thomas Corneille d'en établir une version tronquée et en alexandrins. Agissant donc sur commande et comme un censeur littéraire, il avait pour mission d'ordonner le chaos esthétique et moral, et de rendre enfin cette pièce régulière, au nom des règles et de la vertu. Finie la profession de foi arithmétique et les blasphèmes du libertin, terminé le raisonnement de Sganarelle qui se casse le nez sur les causes finales, retranchés le moine bourru et le loup-garou, oubliés les gages!

Ce *Dom Juan* réécrit ne représentait plus l'histoire d'un homme affrontant le sacré et laissant finalement le spectateur dans l'ambiguïté, mais les aventures d'un petit marquis épris de conquêtes, désinvolte et badin qu'on s'activait à prévenir et qu'on cherchait à entraîner au Bien. Car il s'agissait d'énoncer des vérités incontestables et de promouvoir la vraie foi. C'est ce texte purgé et inoffensif qui fut joué durant cent soixante-quatorze ans jusqu'à ce qu'en 1841 l'Odéon remonte la pièce en prose et qu'en 1847 elle entre discrètement au répertoire de la Comédie-Française.

LE FESTIN DE PIERRE, COMEDIE. PAR J. B. P. DE MOLIERE. *Edition nouvelle & toute differente de cell[e] qui a paru jusqu'a present.*

Thomas Corneille (1677) édulcore et versifie *Dom Juan*. Le tabac, plaisir des honnêtes gens chez Molière, devient la passion des fainéants. Le pauvre est remplacé par Léonor, une charmante ingénue, afin de compléter le catalogue des séductions et d'éviter le jeu blasphématoire. Le dispositif scénique ne change plus à vue pour figurer l'intérieur du tombeau du Commandeur et privilégier, à l'avant-scène, la bouffonnerie de Sganarelle qui, maintenant, s'extasie sur la beauté du marbre, sans faire rire personne. Enfin, Elvire ne vient plus exprimer avec feu le miracle de la Grâce qui la transporte, face à un Dom Juan séduit par son repentir et son désordre, mais elle réapparaît pour révéler un abus : elle ignorait que Dom Juan fût déjà marié à une autre!

## L'art du catalogue et les beautés du spectacle moral

Lorsqu'en 1787 Mozart et Da Ponte se saisissent du mythe, après avoir remporté tant de succès avec *Les Noces de Figaro*, un an plus tôt, ils prennent en charge une histoire pleine de clichés et de conventions, presque lassante à force d'avoir été trop traitée sur les tréteaux, dans les théâtres de marionnettes, sur les scènes d'opéra. Au cours du XVIII$^{e}$ siècle, le mythe

Shadwell et Purcell insistent sur le spectacle et, pour punir le «libertin», font intervenir des démons à la place du Commandeur. Goldoni (ci-contre) gomme les invraisemblances, adoucit les contrastes et donne à l'intrigue une allure plus raisonnable, plus humaine, moins perverse en un mot.

THE
LIBERTINE:
A
TRAGEDY.
Acted by His
ROYAL HIGHNESS's Servants.
Written by
THO. SHADWELL.

s'est affaibli, laissant un Don Juan avant tout collectionneur, auquel on accole un catalogue infini de femmes séduites dont le valet tient une comptabilité scrupuleuse. C'est ainsi qu'il apparaît dans les opéras de 1690 et 1787 des Italiens Perrucci et Bertati. Da Ponte et Mozart y puisent l'air des *mille tre*. Le héros libertin vit mal et meurt mal, méprise tous les signes et toutes les menaces, toutes les aides des hommes et du Ciel, comme on le voit dans *The Libertine* anglais de Shadwell, mis en musique par Purcell (1676). Eternel joueur et terrible roué, chez Goldoni (Venise, 1736), le jeune homme dissolu est finalement accusé par l'ensemble de l'univers visible et invisible – les femmes, les hommes, la statue, les spectres et les démons – et doit bien payer sa dette. Il perd ses liens avec le sacré, et la laïcisation du mythe permet sa transcription et sa reprise, par l'opéra en particulier.

Le personnage d'Anna, la fille du Commandeur, grande absente de la pièce de Molière, occupe à nouveau chez Goldoni un rôle privilégié : elle est à la fois celle qui poursuit le séducteur-meurtrier, exige son châtiment, et celle qui ne peut oublier son amour pour lui. Eternellement vengeresse et pour toujours amoureuse, la Fille du Mort en vient à supporter une bonne part de l'intrigue en annonçant le retour de la justice et en laissant, dès le début de la pièce, la mort planer sur le héros qui la fuit. Mozart et Da Ponte ne l'oublient pas.

## Opéra, art total : enfin, Mozart!

Ce que les auteurs de *Don Giovanni* savent aussi, c'est qu'il faut frapper les esprits et renforcer les effets spectaculaires afin de saisir le terrible de l'action et l'épouvante qu'on peut en éprouver lors de la catastrophe. On l'a vu et entendu dans le grand ballet pantomime de Gluck et Angiolini, joué à la cour de Vienne en 1761. La *scena ultima* de l'opéra bouffe doit toujours couronner le spectacle par un tableau somptueux. Il s'agit de punir brillamment les errances du criminel et les fautes du roué : la mort doit

IL

DISSOLUTO

PUNITO.

O SIA

D. GIOVANNI.

RAMMA GIOCOSO

IN DUE ATTI.

DA RAPPRESENTARSI

TRO DI PRAGA L' ANNO 1787.

IN PRAGA.

di Schœnfeld.

Mozart (1756-1791, buste en bas) et Da Ponte (1749-1838, à gauche), l'auteur du livret italien, présentent à Prague un immense opéra. Une terrible ouverture débute par trois puissants accords syncopés en ré mineur annonçant déjà la présence de l'effrayant convive. Puis suivent vingt-six airs et morceaux d'ensemble reliés par des récitatifs accompagnés ou non d'orchestre. Les voix se croisent, se répondent, gravitent autour du personnage de Don Giovanni, et la parole, subordonnée à la musique, rehausse le drame.

frapper au milieu du plaisir et de la fête, et les survivants doivent s'en réjouir avec pompe.

*Don Juan*, spectacle total de l'homme devant l'amour et la mort, a bien des choses à voir avec l'opéra, œuvre totale qui mêle le spectacle, la musique et la parole, et parfois encore la danse. *Don Giovanni* se donne, à la fin du XVIII^e^ siècle, comme aboutissement d'une floraison d'opéras bouffes en Italie et en Europe (au moins sept), comme la reprise grandiose du *Don Giovanni* de Bertati (musique) et Gazzaniga (livret) au carnaval de Venise en 1787.

## «Don Giovanni» et la noblesse coupable

Mais, pour que le public pragois n'aille pas mettre au rebut le dernier *Don Juan* d'une longue série et regretter le bonheur des *Noces*, avec son engagement politique, ses thèmes et ses airs à la mode, il faudra aussi faire preuve d'invention. Et montrer que la critique sociale ne disparaît pas, en s'irritant avec ostentation de la noblesse et de ses frasques («Je sais que vous autres gentilshommes, vous êtes rarement

L'opéra *buffa* implique qu'il y ait à la fin un grand tableau d'apothéose où le méchant est jeté dans les enfers et où les survivants remercient le Ciel. «Alors le centre de la terre s'entrouvre vomissant des flammes. Il sort de ce volcan beaucoup de spectres et de furies qui tourmentent Don Juan. Il est enchaîné par elles, dans son affreux désespoir il est englouti avec tous les monstres; et un tremblement de terre couvre le lieu d'un monceau de ruines.» Ainsi finit l'opéra de Gluck (1761). Celui de Mozart tirera brillamment parti de la contrainte (ci-dessus, un décor de la scène finale).

honnêtes et sincères avec les femmes», dit la paysanne Zerlina). Face à un Don Juan «grand seigneur méchant homme», méprisant, ironique et cruel, en un mot la caricature d'un aristocrate de la fin du XVIII^e siècle, une sorte de Casanova ou de Valmont arrogants, on placera un Masetto, paysan révolté et bien décidé à ne plus tolérer les droits du seigneur sur les roturières. Mozart sait que le feu couve contre une noblesse qu'il connaît bien, à Salzbourg, en France et ailleurs.

On applaudira donc sans scrupule au châtiment infligé au terrible gentilhomme, quitte à en appeler à une justice miraculeuse qui implique que les bons soient sauvés et les mauvais punis dans un grand bruit de machines.

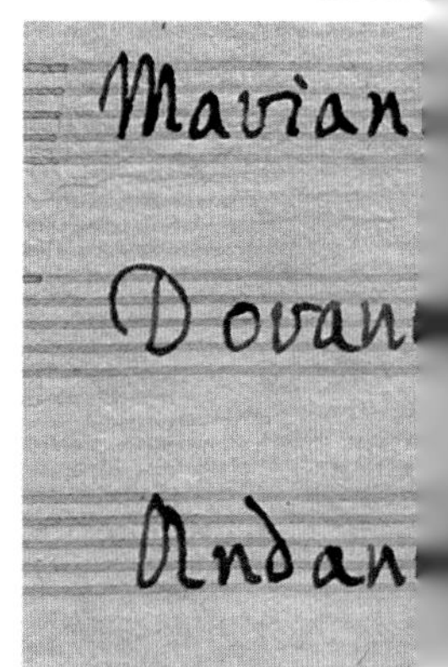

## Méchanceté, liberté, spontanéité

Cependant, la leçon sociale cède rapidement le pas à d'autres thèmes moins enclins à faire l'apologie de la roture et de la morale bourgeoise au détriment de la noblesse. Car Don Juan a de bout en bout l'initiative dans cet opéra et triomphe de tous les personnages vivants. Elvira échoue à ramener son mari dans le droit chemin et s'enferme dans un couvent; Anna et

Ottavio laissent filer l'assassin; Leporello capitule; Masetto voit sa révolte populaire transformée en farce; Zerlina évite la catastrophe de justesse; Don Juan, lui, mène le jeu, n'est jamais ridicule – hantise du noble –, sort de scène l'épée à la main, affronte le Commandeur et refuse le repentir. C'est un héros, un être spontané, guidé par sa nature, sans calcul ni réflexion, un ogre qui veut tout, tout de suite : les femmes, la nourriture, le pouvoir. Indifférent au consentement des autres personnages, il collectionne sans sadisme et dans l'instant présent tout ce pour quoi il a de l'«appétit», tout ce qui est à sa portée. La violence érotique et la tendresse envoûtante sont liées par le désir (duo «*La ci darem la mano*») et c'est bien ce désir qui compte avant tout. La violence, le déguisement ou le calcul ne sont pour Don Juan que des outils utiles à la satisfaction de ses appétits présents desquels il se détourne dès qu'ils sont comblés. Et si parfois ses désirs sont irréalisables, il s'en détourne et en trouve d'autres plus aisément satisfaits. Don Juan se fait donc apôtre de la liberté, pas seulement de la liberté induite par la fête des masques où chacun est libre de se conduire à sa guise, mais de la liberté prométhéenne, absolue,

La musique permet d'étendre les moments de passion et la sensualité des personnages, en particulier des femmes, et d'équilibrer la pièce face à la toute-puissance du libertin (ci-contre, la silhouette du premier interprète, à Prague en 1787). Par la possibilité qu'il donne de mêler les voix, l'opéra juxtapose, voire superpose, les personnages parfois unis, parfois séparés, parfois pris dans la confusion passionnelle et le désarroi. Phénomène magnétique dans l'opéra, le séducteur attire aussi tous les regards au XVIIIe siècle (Casanova, page de gauche).

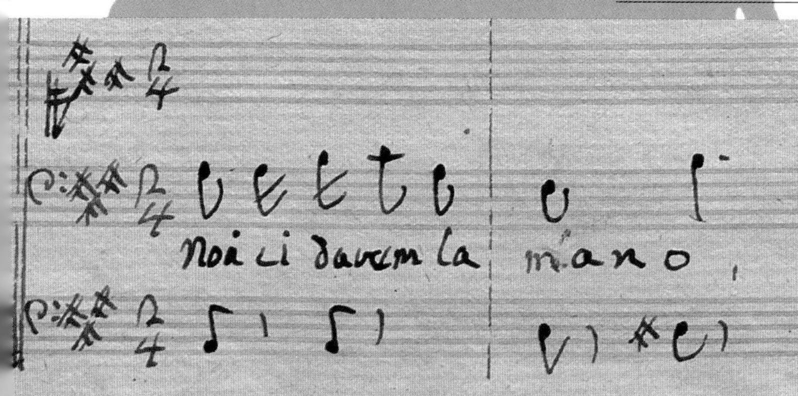

dense, publique et privée, de vivre en homme et selon son naturel. Don Juan se voudrait ainsi hors de Dieu, dans l'absence de morale et de religion, au-delà du bien et du mal, dans la virginité de l'instant sans même un regard pour le passé (pas de repentir), ni pour le futur (pas de volonté de salut).

## Retour à l'origine

A trop vouloir s'écarter de Dieu, on finit par le retrouver sous les traits du destin, de la femme et de la mort. C'est là que Mozart renoue avec les origines du personnage en retrouvant le climat mystérieux du chant du mort, dès l'ouverture de l'opéra. Leporello, double de son maître, et peut-être en ce cas plus éclairé que lui, flaire très vite la mort qui rôde. Réfléchi, prudent et somme toute raisonnable, le valet sait éviter le tragique en volant quelques instants de plaisir avant de décider de ne pas affronter le destin. Son maître, homme d'une destinée frénétique, ne s'arrêtera que dans une catastrophe surnaturelle. S'il chante le désir de vivre et de conquérir dans «L'Air du champagne», il sent aussi qu'il côtoie, à tout instant, la mort. Pourtant il veut rester aveugle à sa venue, malgré la musique et les multiples mises en garde d'Anna. *Ma non manca in me coraggio, Non mi perdo o mi confondo* [...] («Mais le courage ne me manque pas, Je ne suis ni troublé ni confondu : Si le monde entier s'effondre, Moi, je ne tremble jamais»).

Anna, plus que Zerline (la proie consentante) ou qu'Elvire (la femme aimante et humiliée toujours prête au pardon), est l'héroïne première de la pièce puisqu'elle oriente l'opéra vers le tragique. Elle poursuit le séducteur et oppose à son cynisme et à sa jouissance les tourments d'une âme et les accords déchirants de l'orchestre. Anna est du côté de l'ombre, déjà passée à la mort et encore animée d'une haine amoureuse.

❝Don Juan : *Fin ch'han dal vino Calda la testa. Une grand festa Fa'preparar...* («Jusqu'à ce que le vin Echauffe et fasse rougir leurs minois, Je veux leur donner une grande fête. Si tu trouves encore sur la place quelques jeunes filles, Dis-leur de venir, viens avec elles...»)❞
«L'Air du champagne»

Don Giovanni est un séducteur impénitent dont un Leporello admiratif tient le catalogue des conquêtes : «Madame, ce catalogue contient les amours de mon maître. C'est un catalogue bien tenu. Regardez et lisez avec moi. En Italie six cent-quarante, en Allemagne deux cent trente et une, cent en France et quatre-vingt-onze en Turquie, mais en Espagne déjà mille et trois.» C'est aussi un homme qui, jusqu'au bout défie le monde et le sacré. «Le Commandeur : Repens-toi, scélérat!
Don Juan : Non, vieux fat!»

Entre l'accusation nécessaire du jeune noble dévorateur de femmes et l'apologie de la pureté du désir, et de la liberté face à la mort, Mozart semble hésiter alors qu'il fait le pari de mêler les deux fils du mythe. Héroïsation de l'humain contre puissance conjointe du sacré et du social, là est le conflit majeur. Ainsi, avec Mozart, le mythe atteint un angoissant équilibre, et le XIXe siècle tranchera. Place à la révolte romantique.

Faudra-t-il donc toujours condamner Don Juan, en le vouant aux flammes de l'Enfer? Sera-t-il nécessairement un héros négatif, en butte à la punition divine, faute de n'avoir point cru, ou pas assez, d'avoir voulu dîner avec la Mort, d'avoir enfreint le sacrement du mariage et d'avoir séduit toutes les femmes? Là sont les questions que pose le romantisme lorsqu'il décide d'aimer passionnément Don Giovanni, en frère.

# CHAPITRE III
# LE REBELLE ET LE SÉDUCTEUR

"Ce que je suis, je le reste. Je suis Don Juan et je ne serais plus rien si je devenais un autre. Mieux vaut être ce que je suis dans un abîme de soufre qu'un saint dans la lumière du paradis."

Grabbe,
*Don Juan et Faust*

## Don Juan, héros romantique

Pour exister, Don Juan doit figurer une réaction individuelle, héroïque, libre, face au monde et à ses croyances les plus sacrées; il s'oppose au modèle de l'homme social idéal, du mari monogame et responsable, du père de famille et du parfait croyant. C'est pourquoi le romantisme s'en empare afin de prendre en charge sa singularité, sa révolte et son désespoir. Les écrivains du début du XIXe siècle choisissent en effet pour emblème le jeune homme seul, sombre, au visage tourné vers le ciel, errant sur la terre, cherchant partout les contrastes – la vie et la mort, l'ombre et la lumière, le bien et le mal –, sans admettre jamais son propre inachèvement.

Don Juan se transforme ainsi, à l'image de ses auteurs, en un personnage mélancolique, rêveur et réprouvé. Ange déchu, il sait que sa lutte avec Dieu est vaine, vouée à l'échec, mais sa grandeur tragique est de rechercher, justement, cet affrontement inéluctable. Le trompeur baroque insensible est devenu sincère, et aimant. Musset, dans le chant II de *Namouna* (1832), en fait l'image d'un «prêtre désespéré» dévoré par l'amour en même temps qu'un homme blasé :

Même lorsqu'elles illustrent l'œuvre de Molière, les mises en scène du début du XIXe siècle (ci-dessous) font de Don Juan un héros romantique rencontrant l'image sanglante de la Mort en chevalier gothique.

la figure du poète. Son perpétuel désir de la femme idéale l'entraîne à un irrémédiable échec.

## Musique, nouvelle, épopée

*Don Giovanni* est dans toutes les têtes. Sa musique induit une volonté de saisir avidement toutes les formes du monde terrestre par le rêve, l'art ou l'action. Le narrateur de l'une des *Nouvelles musicales* («Don Juan», 1813) d'E. T. A. Hoffmann raconte qu'«un

désir éternellement brûlant» fait «bouillonner son sang dans ses veines» lorsqu'il entend l'opéra de Mozart.

Le romantisme, tendu vers l'insatiable aspiration pour les choses de l'Au-delà, constate avec épouvante l'échec du héros entraîné par les effrayants accords d'un monde souterrain. Face à l'horreur, il ne reste plus qu'à opposer la distance et l'humour, selon l'Anglais Byron. Son *Don Juan, satire épique* (1819-1824) est un poème-roman burlesque de 16 000 vers en 16 chants, où un jeune héros, beau mais blasé et dégoûté des autres hommes comme de lui-même, s'attaque avec vigueur à toutes les certitudes du siècle.

Don Juan, avec les romantiques, se lance dans un voyage sans fin. Delacroix (à gauche) veut d'abord représenter le naufrage du jeune homme, comme s'il s'agissait d'insister sur une sorte d'errance. L'épopée de Byron (ci-dessous, vue par Ford Madox), en fait aussi un éternel naufragé. Il est recueilli par une jeune fille, Haydée, qu'il aime un moment avant que le pirate Lambro, père d'Haydée, ne surprenne les amants, qu'Haydée meure de douleur et que Don Juan soit vendu comme esclave. C'est d'une quête infinie et vaine qu'il est maintenant question.

L'action de *Don Juan et Faust*, de Grabbe, se déroule à Rome. Anna, fiancée de Don Octavio est l'enjeu d'un combat amoureux entre Don Juan et Faust. Don Juan trouble la jeune fille en lui déclarant son amour et tue Octavio en duel. Lorsqu'il veut enlever sa belle, il s'aperçoit qu'elle a déjà été transportée, désespérée, grâce à la magie de Faust et de son ami le Chevalier (Lucifer), dans un palais au sommet du Mont-Blanc. Le Commandeur, père d'Anna, veut venger la mort de son futur gendre, provoque Don Juan en duel et meurt lui aussi (ci-contre).

Don Juan, homme et double intime de Byron, est un miroir ironique de soi dont on raconte les histoires en souriant. Les récits, sans cesse striés de digressions sur le monde ou sur la libération de la Grèce, s'ordonnent sur le parcours du héros et concluent à la vanité de toute quête. Pourtant, la longue marche du personnage se poursuit, éternellement marquée par un désir de liberté à jamais inassouvi.

## La force vitale...

Il est donc logique qu'au cours de cette impossible quête Don Juan ait trouvé un partenaire de choix en Faust, personnage réel du début du XVIe siècle dont les récits populaires des XVIIe et XVIIIe siècles, les théâtres de marionnettes et les comédiens ambulants ont fait une figure de légende, à travers toute l'Europe, avant que Goethe ne l'immortalise en publiant, en 1808, la première partie de sa tragédie.

Don Juan reste un séducteur jouant de toute sa maîtrise au milieu des paysannes (en bas de la page de gauche, un papier peint du XIXe siècle). Mais surtout, dans la pièce de Grabbe, le romantisme lie Don Juan à Faust, autre héros mythique voué à un destin fatal. Faust (ci-contre, une gravure de Delacroix) signe le pacte avec le diable pour acquérir le parfait amour, mais n'est pas capable d'être heureux, comme le dit Don Juan, qui, lui, conquiert les femmes, jouit de ses conquêtes et saisit l'instant, mais n'a que le bonheur d'un esclave, selon Faust. Grabbe réunit ces deux titans romantiques venus du fond des âges. Alors même que la statue tente de l'entraîner à la repentance, Don Juan persiste : rien ne vaut pour lui les beautés de la vie, la joie, le faste et la volupté.

En 1829, l'Allemand Grabbe lie profondément les deux mythes dans sa pièce, *Don Juan et Faust*. «Je te soude à Faust, dit la statue du Chevalier venue des étoiles, je le sais, vous tendez au même but, mais par des voies différentes.» L'un et l'autre ont une soif inextinguible, Don Juan de chair, Faust de connaissance. Don Juan représente l'assomption de l'irrésistible force vitale et de la sensualité méditerranéenne, Faust les penchants nordiques d'un surhomme happé par la méditation morose, et tous deux se fondent pour figurer une violente et désespérante humanité. Ils suivent parallèlement les chemins qui les mènent à la femme, au diable, à la mort, et ne peuvent changer leur destin : Satan punit Faust, puis Don Juan.

Le XIXe siècle (avec Evariste Fragonard, pages suivantes) conçoit un Don Juan rebelle, partagé entre la séduction, la dépense et la joie d'un côté, et la terrible violence de la punition de l'autre.

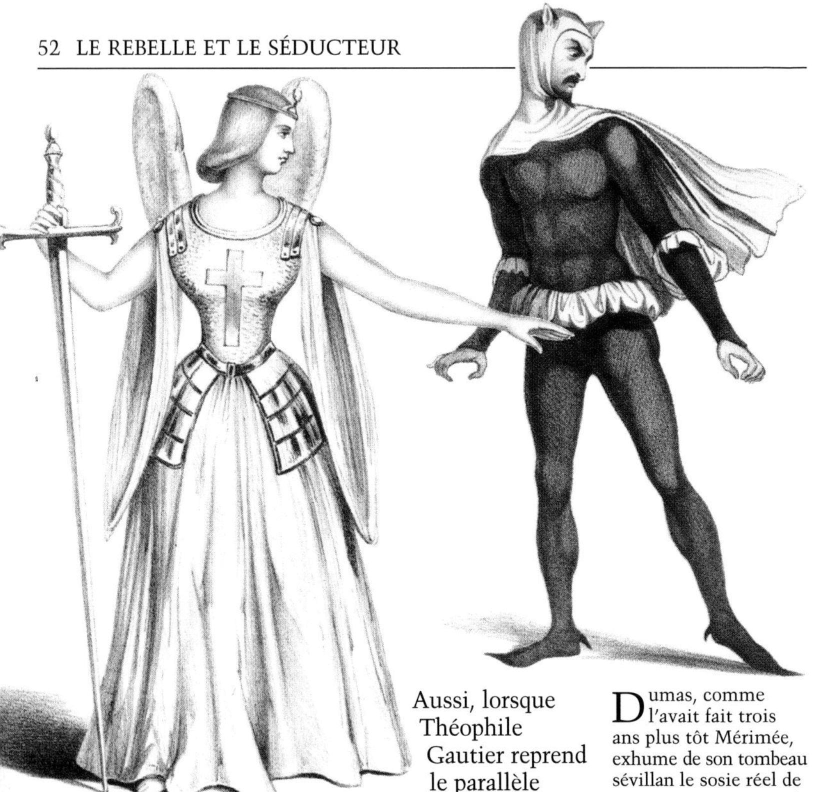

Aussi, lorsque Théophile Gautier reprend le parallèle de Grabbe, en 1838, dans *La Comédie de la mort*, il prête à Don Juan le regret d'avoir trop aimé l'amour et trop peu la science, et à Faust celui d'avoir négligé la volupté : chacun peut s'affliger de son incomplétude. Amant fascinateur et diabolique, Don Juan s'allie au diable, trouve en lui un partenaire masqué qui lui offre de satisfaire son désir infini de jouissance et de puissance, mais reste, quoi qu'il fasse, un homme.

## ... et ses limites

Le Sévillan romantique sera toujours victime de son ardeur et de son impudence, même lorsqu'il entrevoit, *in extremis*, la possibilité d'une conversion par l'amour. Paradoxalement cynique et idéaliste, chez Pouchkine (*L'Invité de pierre*, 1830), Don Juan ne peut s'enfuir ni faire autre chose qu'affronter le

Dumas, comme l'avait fait trois ans plus tôt Mérimée, exhume de son tombeau sévillan le sosie réel de Don Juan, Don Miguel de Mañara, et le glisse dans la légende. Dans *Don Juan de Mañara ou la chute d'un ange* (1837), il imagine qu'un bon ange, Marthe, sœur de la Vierge Marie (ci-dessus, à gauche et, en page de droite, sur une gravure publiée par *Le Monde dramatique*), a obtenu de sa sœur la permission de s'incarner en religieuse pour convertir Don Juan (à droite). A ceci près que la sœur Marthe ne pourra pas empêcher la damnation du héros.

Commandeur, même s'il aime Anna : «Depuis que je vous ai vue, tout a changé en moi. Il me semble que je viens de renaître à une nouvelle vie.» Le festin traditionnel, la cruauté du mythe et la transgression obstinée ont beau disparaître, l'amour pur peut bien naître, l'échec demeure parce que Don Juan est d'abord homme, créature essentiellement finie. Ce révolté, toujours désireux d'afficher son individualité mourra damné, sans avoir pu s'affranchir absolument de la limite de son humanité : la peur. Peur de la femme, peur de Dieu, peur de la mort enfin.

Pris entre l'ange du bien, Marthe, et l'ange du mal (page de gauche), Don Juan choisit d'attirer le bon ange vers le mal, de le séduire. Marthe cède à la tentation de Satan, renonce à sa nature angélique pour renaître femme dans les bras de son séducteur, et cherche à le sauver en lui révélant son origine céleste. Mais rien n'y fait : une fois pour toutes, Don Juan choisit l'amour terrestre. Marthe meurt. Dans sa très grande bonté, la Providence lui permet de sauver son âme, mais condamne Don Juan à être tué par l'ombre de l'une de ses victimes, sans espoir de salut. Dans ce «mystère en cinq actes et sept tableaux», Dumas réunit le ciel et la terre devant l'impiété du rebelle.

## L'énergie du désespoir

Pourtant le ciel et la terre en viennent à se liguer pour lui laisser encore une chance. Dumas (*Don Juan de Mañara ou la chute d'un ange*, 1836) imagine ainsi qu'un ange descend sur terre pour racheter le pécheur. C'est compter sans la fascination qu'exerce Don Juan : l'ange – sous les traits de Marthe, sœur de Marie –, croyant convertir le héros à la carrière monastique, est à son tour séduit. Don Juan veut pour paradis la terre, renoue avec Satan et entraîne un moment Marthe à renoncer à sa nature angélique. Et si Marthe parvient finalement à sauver son âme, Don Juan, incorrigible pécheur, meurt damné.

Lenau ira un pas plus loin que tous les autres dans l'univers du désespoir. L'auteur de *Don Juan*, poème dramatique (1844), écrit son texte dans la fièvre et le laisse inachevé, lorsque lui-même tombe dans la folie. Pas d'action, juste une attente, vaine, terrible : Don Juan collectionne les femmes sans plaisir, sans brutalité ni cruauté; il a pour chacune un amour différent, toujours à la recherche de l'idéal, et persuadé de sa défaite ultime. «La possession produit en moi le vide», affirme-t-il; tout ce qu'il peut espérer est de mourir dans le baiser de la dernière de ses conquêtes. Il mourra en s'embrochant sur l'épée du fils du Commandeur, piètre vengeur. C'en est donc fait du mythe. L'histoire de Don Juan explose, devient à la fois sérieuse, parodique et désespérée, pour se terminer sur le suicide d'un Moi contradictoire et fragmenté. En trente années, de Hoffmann à Lenau, le jeune héros rebelle, sincère et sensible à l'amour, est devenu homme, un homme vide, triste, et solitaire.

Le XIXe siècle est fasciné par le personnage d'Anna tel que Mozart le représente (ci-dessus, la cantatrice Henriette Sontag en Anna et, à droite, un dessin de Papety). Dans la *Nouvelle musicale* d'E.T.A. Hoffmann, un spectateur qui, ravi, vient juste d'entendre le *Don Giovanni* de Mozart, laisse errer son imagination : «Donna Anna est le pendant de Don Juan». Et la cantatrice de la nouvelle, déterminée elle aussi par le sacrifice que représente son rôle, meurt dans la nuit qui suit la représentation.

## Anna, la femme aimante et secourable

Seule Anna peut encore sauver le héros. Revenue sur le devant de la scène au XVIIIe siècle grâce à Goldoni, en opposition terrible au prédateur chez Mozart, Anna, la fille du mort, est, au XIXe siècle, l'autre héroïne du texte, celle qui poursuit son but jusqu'à sa satisfaction complète, celle aussi qui a un cœur, un tourment, une force, une volonté et une constance. En cela, elle fascine les auteurs. Entraînée malgré elle vers le meurtrier de son père, elle se jette dans la vengeance pour échapper à l'amour. Dans le même temps, elle offre le salut au jeune homme inconstant. Les romantiques font ainsi de la fille du Commandeur une amante tragique capable d'aller jusqu'à l'aveu : « Je devrais vous haïr, vous avez versé le sang de mon père; mais je ne puis vous haïr ni vous oublier. Ayez pitié de moi », dit-elle à Don Juan dans le récit de Mérimée (*Les Ames du purgatoire*, 1834).

Chez Lenau (ci-dessous), Don Juan poursuit son chemin. A la tête d'une troupe de douze pages féminins, il investit un couvent et échappe de peu au feu qui ravage l'édifice, allumé par un prieur scandalisé. Don Juan séduit à tour de bras, s'épuise à séduire, se lasse du monde, des fuites et des duels, se promène dans les cimetières en pensant que tout n'est que néant et, lorsque toutes ses conquêtes, en compagnie de leur progéniture – pour la première fois Don Juan a conçu des bâtards! –, viennent lui demander raison et lui crier leur haine en même temps que leur amour, il se jette sur l'épée d'un vengeur de passage, Don Pedro, le pâle fils du Commandeur, pour se suicider. Celui qui aimait la vie en héros dionysiaque en vient à aimer la mort.

Don Juan collectionne toujours les autres femmes, mais se laisse entraîner par l'amour d'Anna. Anna aime et hait dans un même élan réversible. Elle est envoyée par le Ciel pour sauver l'Inconstant de la damnation, lui offrir un chemin vers le salut et le régénérer grâce au miracle de l'amour, mais souvent, échoue. Seul personnage féminin, chez Grabbe, Anna est cette femme inaccessible que poursuivent Faust et Don Juan. Pouchkine ira plus loin en faisant d'Anna la veuve du Commandeur, incapable de haïr Don juan qui la courtise («Ah! si je pouvais vous haïr! Il faut nous séparer»). Il l'opposera à l'autre femme, Laura, témoin de toutes les femmes séduites et du passé du mythe, une courtisane comptable du temps où il était libertin. Et lorsque le héros donnera la main à la statue qu'il a invitée chez Anna, il appellera à son secours la seule femme qu'il aime, et dont il espère en vain l'aide bienfaitrice («Oh! il est terrible le serrement de ta main de pierre. Laisse-moi, lâche ma main... Je suis perdu... Oui, tout est fini. O Doña Ana!»).

## Anna multiple et rédemptrice

Anna irradie, au cœur de toutes les intrigues. Avec elle, le XIX^e^ siècle féminise le mythe et sort la femme de son rôle d'objet conquis

Chez Zorilla (page de gauche), Don Juan, dont la vie fut une suite de forfaits et de duels (ci-contre, la scène où Don Juan tue le père de celle qu'il a tirée du couvent), revient cinquante ans plus tard à Séville. Croisant un convoi suivi par toutes ses victimes, il réalise qu'il assiste à son propre enterrement. Et quand la statue l'invite, Inès, qu'il a séduite et assassinée, apparaît et sauve son âme. Ce drame est joué chaque année en Espagne, le jour des Morts, comme une représentation sacrée.

George Sand, dans son roman *Lélia* (page de gauche), glorifie l'héroïne qui est une sorte d'Anna. Sand va jusqu'à affirmer que l'histoire de Don Juan a servi à immoler les femmes sur l'autel du pouvoir masculin.

Après avoir été si longtemps remplacé par le texte de Thomas Corneille, le texte de Molière est repris sur la scène, d'abord à l'Odéon, en 1841, puis en 1847 à la Comédie-Française. Devéria en dessine les costumes dans le goût du XVIIe siècle. En pages suivantes, de gauche à droite, les maquettes de ceux de Pierrot, de Dom Juan, d'Elvire et de Sganarelle.

pour l'installer en sujet moral et religieux. Anna, glorifiée, se sacrifie sur l'autel de la prédation masculine chez George Sand (*Lélia*, 1839) : la femme, ange du bien, tente de sauver l'ange du mal, le rebelle démoniaque, pour le convertir aux mystères célestes, dans l'accord parfait de l'amour et de la mort. Instrument nécessaire de la conversion de Don Juan, elle sera dans le *Don Juan Tenorio* de José Zorilla (1844) une Anna-Inès clairement rédemptrice. Après avoir peint Don Juan comme un scélérat décidé à se racheter en épousant Inès, celle qu'il aime, l'auteur espagnol le renvoie à la fureur meurtrière : comme le père d'Inès refuse de lui donner la main de sa fille, il le tue et, dans un accès terrible, assassine Inès. Don Juan, en suivant le cortège funèbre de ses deux victimes, parle avec la statue et assiste à son propre office funèbre.

D. Juan
1er acte - 2me Act.
Le Festin de Pierre

Sganarelle
le
festin de pierre.

Se reconnaissant croyant et coupable, il veut s'amender, mais «il est trop tard», comme déjà la statue l'affirmait chez Tirso. Il faudra donc que la femme salvatrice réapparaisse, sorte de sa tombe et intercède auprès de Dieu pour qu'Il pardonne à Don Juan et qu'au bord du tombeau, la femme et l'amour sauvent enfin le rebelle repentant.

C'est un auteur de second ordre, Blaze de Bury, qui va jusqu'au bout dans *Le Souper chez le commandeur* (1834), puisqu'il permet qu'Anna soit délivrée de la mort par une larme de Don Juan, et l'épouse, le vouant à une fidélité de bon aloi pour l'éternité. Ainsi, grâce à Anna, l'abuseur de Séville est enfin récupéré par la conjugalité vertueuse. Décidément, le mythe vieillit.

## L'érosion du mythe, Don Juan est-il mort?

Lorsqu'il descend aux enfers, le Don Juan de Baudelaire ignore ses anciennes victimes, ne regarde que le sillage de la barque du Commandeur et «ne daigne rien voir» («Don Juan aux enfers», poème des *Fleurs du mal*, 1857). Mais son Don Juan terrestre a bien du mal à se procurer de nouvelles jouissances et manque d'appétit (*La Fin de Don Juan*, projet de drame, 1853); il envie les bourgeois «qui passent avec des femmes aussi bêtes et aussi vulgaires qu'eux», et «qui ont des passions par lesquelles ils souffrent ou sont heureux».

Don Juan, las de la collection, s'ennuie aussi avec Flaubert (*Une nuit de Don Juan*, projet de roman, 1851) et s'épuise dans la recherche d'une communion parfaite avec les femmes. Don Juan perpétuellement déçu par celles qu'il aime et qu'il mène à la ruine (Tolstoï, *Don Juan*, 1862), n'est plus qu'une ombre qui se traîne. Un «vieux beau» qui raconte à un parterre de femmes futiles que son plus bel amour fut d'être aimé d'une jeune enfant de treize ans, fille d'une de

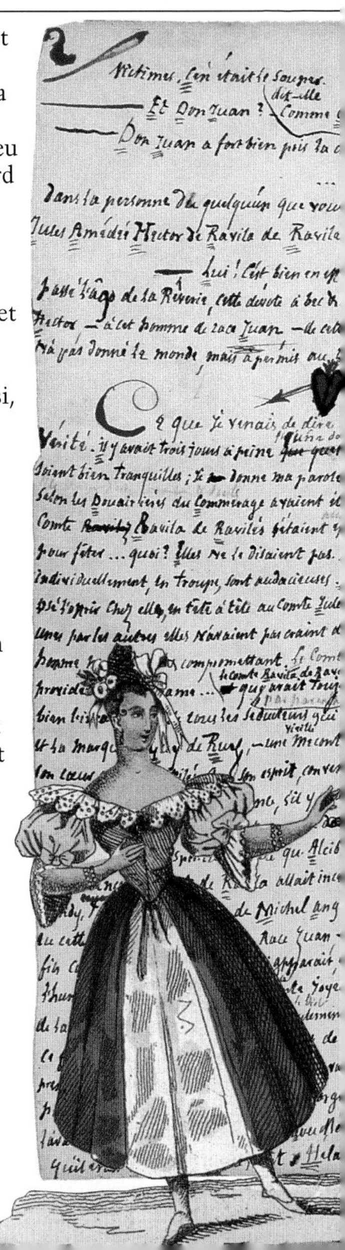

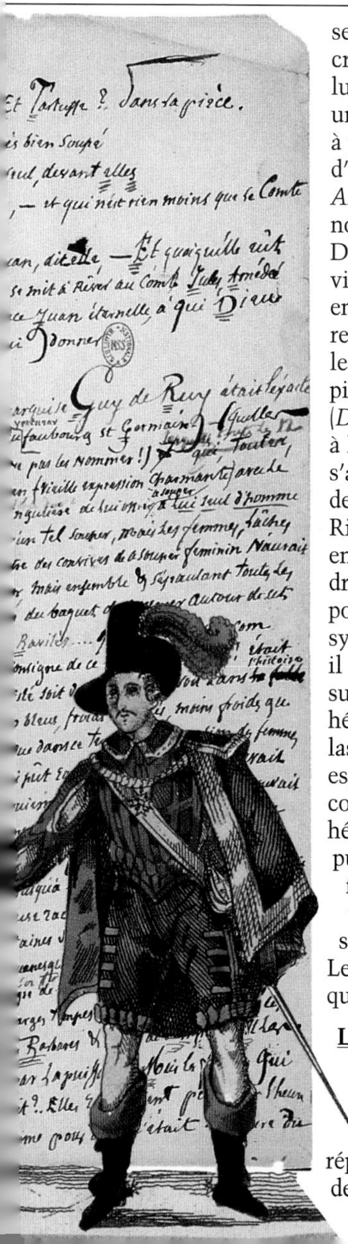

ses maîtresses, et qui croyait être enceinte de lui pour s'être assise dans un fauteuil qu'il venait à peine de quitter (Barbey d'Aurevilly, *Le Plus Bel Amour de Don Juan*, nouvelle, 1866).
Don Juan lui-même vieillit, et quelque chose en lui se brise, si bien qu'il relit avec nostalgie tous les *Don Juan*, dans une pièce de Jean Aicard (*Don Juan 89*, 1889), vibre à leurs morts héroïques et s'abîme dans la tristesse de vivre encore. Lorsque Richard Strauss reprend, en 1887, le poème dramatique de Lenau pour en faire un poème symphonique (*Don Juan*), il insiste par sa musique sur le fait que la vie du héros s'éteint dans la lassitude, loin de toute espérance. Le violent conquérant, le prédateur héroïque s'efface, sa puissance d'aimer est frappée par la foudre, tout est maintenant sombre et désert.
Le mythe n'est plus que cendres.

## Le donjuanisme, une conduite amoureuse

Parallèlement, et à mesure que se répètent les séquences de l'intrigue et que se

Dans *Le Plus Bel Amour de Don Juan* de Barbey d'Aurevilly (manuscrit à gauche), Don Juan, «malgré toutes les démocraties, est un monarque qu'on ne cassera pas». Le comte Jules-Amédée-Hector de Ravila de Ravilès, «de race Juan, de cette antique race Juan éternelle, à qui Dieu n'a pas donné le monde, mais a permis au diable de le lui donner» est Don Juan. Mais le comte, «incarnation de tous les séducteurs dont il est parlé dans les romans et dans l'histoire», n'est plus qu'un «Don Juan au cinquième acte», un homme fini. Il a vieilli et, naturellement entouré de femmes, il ne peut que narrer son passé : l'amour que conçut pour lui une innocente et naïve jeune fille et qu'il n'apprit que lorsqu'elle fut morte. «Sans cela!»

En 1834, *Don Giovanni* de Mozart est représenté à l'Académie royale de Musique. Laure Cinti-Damoreau y tient le rôle de Zerline. Adolphe Nourrit, ténor au timbre argentin, n'a particulièrement ni le physique ni la tessiture d'un Don Juan, mais, aimant l'œuvre et aimé du public, il s'emploie à faire aimer l'œuvre au public de l'Opéra.

multiplient les interprétations de Don Juan et d'Anna, la littérature prend conscience qu'elle réécrit cent fois un mythe qui, peu à peu, s'érode. Comme l'affirme le philosophe danois Kierkegaard (*Le Banquet*, 1841, et *L'Alternative*, 1843), le héros ne se caractérise plus que par la jouissance d'un séducteur qui s'épuise à collectionner les femmes et dresse un catalogue de ses conquêtes. Démoniaque sensuel, pris dans une recherche infinie et aveugle, il énumère sans jamais savoir aimer.

Don Juan devient une référence commune, un nom commun. On en vient à comparer des personnages de roman à l'illustre Sévillan et à l'assimiler à des hommes bien réels tels Lovelace, Valmont et Casanova. On oublie l'impiété et la révolte au profit d'un seul trait : la puissance magique de séduction, l'attirance magnétique qu'exerce un homme sur toutes les femmes et son aptitude à la collection. C'est cette caractéristique qui domine les esprits avant, pendant et après l'accès romantique.

Le mot de «donjuanisme» apparaît dans la langue à la moitié du XIXe siècle. Dès le second Empire, les

«Je ferais dix lieues à pied par la crotte, disait Stendhal dans la *Vie de Henry Brulard* (1835-1836), la chose que je déteste le plus au monde, pour assister à une représentation de *Don Juan* bien joué. Si l'on prononce un mot italien de *Don Juan*, sur le champ le souvenir tendre de la musique me revient et s'empare de moi.» Le XIXe siècle adore Zerline (en haut, à gauche), qui chancelle, aime et craint déjà l'abandon à la fin de l'acte premier…

« donjuans » peuplent les cafés et les boulevards. Bel-Ami, avec Maupassant, sera l'un d'entre eux. Car il n'y a plus de place pour les « grands seigneurs méchants hommes » depuis bien longtemps : il n'y a plus de grands seigneurs, et il n'est plus question non plus d'un Dieu juste et terrible, ni d'intervention du surnaturel. Le réel prosaïque et bourgeois triomphe, le merveilleux ne peut plus être que parodique.

Le donjuanisme devient l'une des modalités humaines de l'amour.

Il faut donc mille décors somptueux et mille « airs du champagne » (ci-contre, Francisco d'Andrade, en 1900) pour que tous les publics cèdent au jeu effréné de la répétition, à l'apparence de la frivolité avant de deviner la volonté épuisante de vivre, jusqu'à la mort, dans le plaisir. La salle du théâtre se mêle à Don Juan « dans une communion hystérique qu'aucun esprit ne saurait nier » (Pierre-Jean Jouve).

Le déclin du mythe, entamé très tôt, devient, au XXe siècle, démythification consciente, analyse et parodie. Avec le donjuanisme, le personnage n'est plus qu'un comportement de séducteur, un type. La littérature cherche de nouvelles transgressions et le théâtre propose de nouveaux partis pris de mise en scène.

CHAPITRE IV

# LE COUREUR, LE STRATÈGE ET LE MYSTIFICATEUR

Au théâtre et à l'opéra, Don Juan garde pour textes clefs les œuvres de Molière et de Mozart. A gauche, le *Don Giovanni* de Losey, film de 1979. En 1947, Jouvet (ci-contre) joue un Dom Juan hautain, cynique et désenchanté, angoissé par son destin, fantastique squelette hors d'un monde qui le rejette.

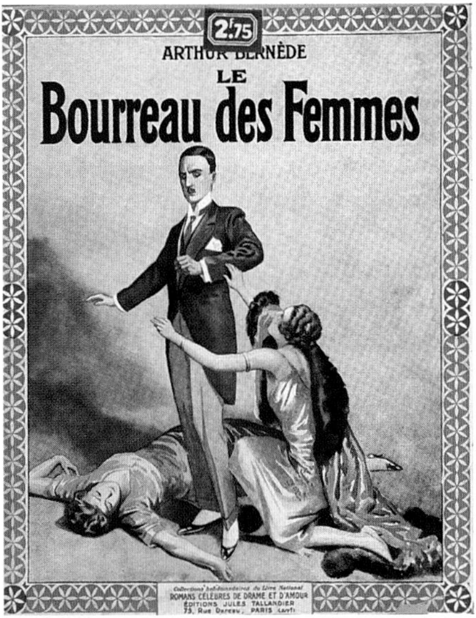

Dès le début du XXe siècle, Don Juan semble ne plus choquer personne dans son jeu de conquêtes et demande plutôt à être compris, analysé. Comme l'âme a disparu, seule l'étude du corps et des pulsions sont maintenant possibles. Le « cas Don Juan » devient l'affaire des psychologues : dans les essais qui lui sont consacrés, on évoque sa sensualité effrénée, son désir infini, pour en chercher l'enracinement dans la psyché humaine. On s'interroge sur sa peur des femmes, sa virilité, voire son homosexualité. Otto Rank, dans *Don Juan et le double* (1914-1922), analyse « les relations de l'individu avec son propre Moi ». Pour ce compagnon de Freud, Don Juan ne se caractérise pas par son impulsion sexuelle effrénée, mais par la division de son être. Le héros du mythe est une figure surhumaine dégradée, négative, qui a pour double la femme, symbole de la conscience et de l'âme immortelle et vengeresse. Si bien que Don Juan, dans le dernier texte sur lequel Rank s'appuie (*La Dernière Nuit de Don Juan*, poème

Au XXe siècle, on en vient à penser que le mythe de Don Juan repose bien plus sur la construction psychique du héros que sur sa confrontation avec la mort. Otto Rank, psychanalyste viennois (1884-1939, à gauche, en compagnie de Freud), est l'un de ceux qui voient en Don Juan une illustration de quelques tendances primitives de l'homme : la satisfaction des sens, sans autre but que le plaisir, la jouissance stérile de l'instant présent et le profond désir d'immortalité. Don Juan est devenu une des tendances de la psychologie humaine : « le destin est descendu dans le corps » (Jean Rousset).

dramatique posthume d'Edmond Rostand, 1921), apparaît comme une ombre piteuse de séducteur qui n'a connu que des masques et n'a jamais su dépasser la stérilité de ses passions.

On en vient donc à classer le comportement du héros sur l'échelle des modalités amoureuses, érotiques ou névrotiques. Foin de l'héroïsme et de la transgression! D'ailleurs, est-il encore possible de profaner l'amour?

**Le séducteur moderne**

Un climat donjuanesque diffus se substitue au héros singulier, car le Ciel a disparu et il n'est plus vraisemblable de descendre orgueilleusement aux Enfers. On ne retient désormais de Don Juan que les escapades nocturnes du *caballero* espagnol, et on les identifie aux aventures rapides des coureurs à cravates, entre deux réunions de travail. Il n'y a bientôt plus de place pour l'oisiveté du séducteur : la recherche continuelle de l'amour ne peut plus constituer l'essentiel d'une vie et s'il faut jouer les Don Juan, c'est à peu de frais.

Ce qui reste de Don Juan n'est finalement plus que la liste de ses conquêtes, son aptitude à attirer les femmes, sa puissance de séduction, dernière composante de son héroïsme perdu. Même mort, même fantôme, même désireux de clamer bien haut qu'il n'a jamais cédé à aucune de celles qui le courtisaient, le Don Juan du récit de Bernard Shaw (*Don Giovanni explains*, 1887) ne cesse malgré lui

Don Juan est réduit à un rôle de «bourreau des femmes» pour roman-feuilleton du début de ce siècle (page de gauche), réplique de Casanova, très doué pour le baiser (ci-dessous, une carte

postale des années 1920, figurant un séducteur du XVIII^e siècle). Il est clair en tout cas que le mot de «donjuanisme» ne désigne plus qu'une certaine forme de vie amoureuse.

de fasciner les femmes, fussent-elles de vertueuses jeunes Anglaises. Voilà le héros réduit à un rôle d'inconstant qui brandit une liste, sans impiété, ni révolte, ni magnétisme.

Dès lors, que vient encore faire, au XX^e siècle, *l'autre* Don Juan, qu'il soit baroque et libertin, ou qu'il soit romantique, révolté et épris d'idéal?

Au début du XX^e siècle, le *Dom Juan* de Molière fait partie des «classiques». Une marque de bouillon, dans un but autant publicitaire qu'éducatif, en répand les images (ci-contre et ci-dessous) que les jeunes élèves colleront dans leurs cahiers. Parallèlement, la littérature s'interroge sur la manière dont ce grand seigneur traite Sganarelle ou les gens du peuple, en particulier les paysans. Après la lecture marxiste du mythe qu'avait donnée le Russe Meyerhold en 1932, Brecht, en 1952, fait de Don Juan un parasite social, dont l'incroyance n'est ni «combattante» ni «progressiste».

## Don Juan réécrit

Il vient, parfois en vain, chercher de nouveaux défis plus modernes, plus appropriés à notre situation. Le XX^e siècle, par des récits ou par son théâtre, ne cesse de réécrire le mythe, de réfléchir sur lui et s'essaie à trouver d'autres formules pour parler de Don Juan. Comme s'il fallait épuiser tous les sens possibles, comme si écrire un *Don Juan* était nécessaire à la carrière d'auteur, comme si enfin la rébellion et les défis de Don Juan fournissaient un prétexte pour mettre en question la Loi, quelle qu'elle soit, tout en montrant les limites de toute révolte. Don Juan est une sorte de rappel de la transgression radicale, absolue, de tous les défis;

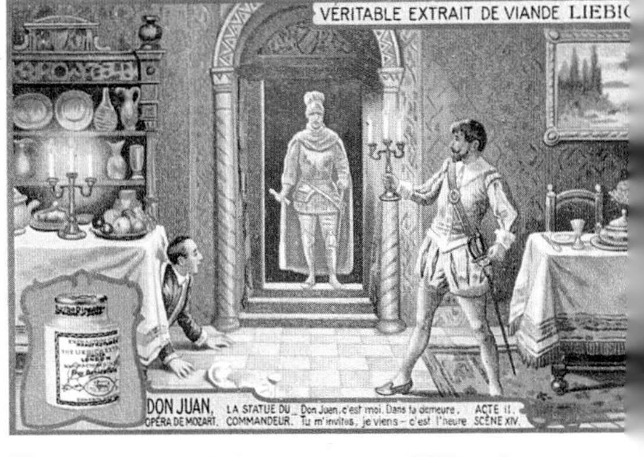


En 1917, après une absence de trente ans, *Dom Juan* est repris à la Comédie-Française. La presse salue «un drame que n'eût pas désavoué Shakespeare». A droite, Denis d'Inès dans le rôle de Pierrot.

il exacerbe le désir de tout posséder, de tout lire, de tout écrire, dans un plaisir boulimique et interdit, éternellement transgresseur, et à jamais déçu.

Il faut donc trouver à Don Juan un moyen de choquer, d'aller contre la morale et la loi. Milosz (*Don Juan*, 1906) imagine un arrière-petit-fils du Don Juan de Tirso, amoureux transi, bafoué, pervers et cruel qui tue un père usé de débauches, empoisonne en riant son frère qui le trahit et torture avec délices sa femme qui le trompe. Incapable de trouver l'absolu qu'il cherche, il ne peut que détruire.

Cependant, les monstres deviennent rares et l'on ne se sert plus de l'amour pour défier le sacré, le monde et la morale. Poète et romancier influencé par la psychanalyse, Pierre-Jean Jouve, dans son essai-commentaire *Le Don Juan de Mozart* (1941), est l'un des rares auteurs encore fascinés par le duel mystique avec le mal et la mort.

**L'amour de la géométrie**

Le jeu de réécriture consiste surtout à représenter un Don Juan contemporain : un homme désabusé qui compte lui-même ses conquêtes en se promenant la nuit dans les cimetières (Joseph Delteil, *Saint Don Juan*, récit, 1930), un grand industriel plein de morgue ne désirant plus rien (Roger Vailland, *Monsieur Jean*, 1959), ou au contraire un ambigu révolté politique pour lequel votent les foules enthousiastes (Brecht, *Don Juan von Molière*, 1952). Mais dans tous les cas, la violence des défis et la radicalité de la transgression ont disparu.

Don Juan, comédien montrant l'envers du décor, éternellement perdant, est un improvisateur qui lutte en vain contre l'ordre permanent, un personnage critique, certes, mais surtout un éternel protagoniste solitaire, un objet de théâtre. Dans *Don Juan ou l'Amour de la géométrie* (comédie en cinq actes, 1953), Max Frisch affirme que le surnaturel a perdu toute crédibilité. Assoiffé de connaissance, Don Juan a fait le tour de toutes les combinatoires du mythe, ne croit même plus à son propre personnage et le met à mort lui-même en se jetant dans les coulisses dans un grand bruit de pétards. « Rien n'est vrai » dans tout cela, c'est « du théâtre, et c'est tout ». L'Absolu n'est plus qu'un prétexte, il ne reste que la poésie, et la « faillite intérieure » du personnage.

Le théâtre moderne semble jouer avec le mythe pour l'achever par la dérision. « Bonheur sur la terre aux hommes de mauvaise volonté » sont ses dernières paroles, dans la comédie de Roger Vailland. Prosaïque, lyrique, carnavalesque et merveilleux, Don Juan peut enfin disparaître : « Tout est bien fini. Ma légende. [...] Adieu ! Les poètes le disent... On se retrouve là-haut... dans les constellations ! », lit-on chez Ghelderode (*Don Juan ou les Amants chimériques, Théâtre*, 1928). Alors, les masques et les prostituées se bousculent sur scène, comme chez Montherlant (*Don Juan*, 1958), et Don Juan quitte le théâtre en partant au galop pour Séville : le héros doit bien fuir une société où il n'a plus sa place.

## Le prestige du répertoire

A mesure que la littérature répète le mythe sans illusions ni véritable feu, la scène et l'écran consacrent *Don Juan*. Soucieux de retrouver son héritage et de le réévaluer, le théâtre moderne joue et rejoue les pièces les plus célèbres (Molière, Mozart, Tirso, Zorilla, voire Pouchkine) en proposant de nouveaux partis pris de mise en scène.
On connaît maintenant bien plus *Don Juan* par la tradition, par la représentation du texte de Molière et de l'opéra de Mozart, mille (*e tre*) fois mis en scène et de manières différentes – c'est le «prestige de Don Juan», comme l'affirme Michel Foucault –,

*Don Juan ou la géométrie*, de l'écrivain suisse-allemand Max Frisch (1953), est une sorte de parodie-synthèse qui fait le tour du mythe, en envisage toutes les interprétations et entend clore sa trajectoire. A gauche, Francis Huster joue, en 1976 à l'Odéon, ce Don Juan géomètre, qui, après avoir été, durant toute la pièce, tous les Don Juan, finit dans une trappe de théâtre sous les yeux d'un curieux évêque complice et échappe ainsi à lui-même.

La pièce de Zorilla, elle aussi, continue sa prestigieuse carrière espagnole et ne cesse d'être représentée. Ci-dessus, l'affiche d'une mise en scène du *Don Juan Tenorio*, avec décors et costumes de Salvador Dalì, représentée puis filmée en 1977.

que par les nouveaux *Don Juan* vite oubliés, trop vite peut-être pour certains. La perspective théâtrale contemporaine impose donc que l'on traduise les ambiguïtés et les paradoxes de Molière et de Mozart, qu'on les interprète en un mot, par une dramaturgie, par des gestes et par des images symboliques.

La mise en scène de Deborah Warner a marqué le festival de Glyndebourne en 1996. En remplaçant la statue du Commandeur par celle de la Vierge, elle donne une version bouleversante de *Don Giovanni* : la femme, la mort, le sacré et la rédemption sont réunis dans une seule image.

## «Mozart for ever»

Les mises en scène de l'opéra de Mozart, généralement illustratives et consacrées à rehausser l'orchestration et le chant, insistent pourtant sur le rayonnement, la mécanique, la répétition et la circulation du désir dans cette œuvre majeure, et les confrontent à la gravité terrible du mystère de la mort. On hésite beaucoup entre l'attitude qui consiste à souligner l'aspect rapide, enlevé du *dramma gracioso*, et celle, plus solennelle, qui entend transmettre l'idée d'un drame métaphysique.

Dès 1936, le festival de Glyndebourne, en Angleterre, donne au chef d'orchestre Fritz Busch la possibilité de jouer sur le contraste entre la vivacité théâtrale et les résonances sombres de la partition.

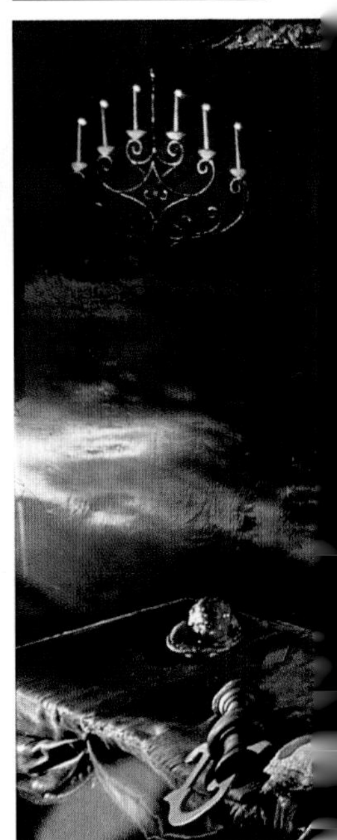

Salzbourg, avec Furtwängler, entre 1950 et 1954, prend le parti de la lenteur. Là sont les deux camps principaux : brillance, truculence et vivacité (parfois extrême avec Karajan à Salzbourg en 1960) contre raideur tragique, comme dans les mises en scène de Peter Hall dirigées par Bernard Haitink de 1977 et de 1982 à Glyndebourne, où la densité grave de l'ouvrage est privilégiée.

C'est durant les festivals que les fidèles manifestent avec le plus de ferveur leur attachement à l'opéra de Mozart : à Aix-en-Provence, à Glyndebourne, au Royaume-Uni, et surtout à Salzbourg, en Autriche (ci-contre, en 1993, un spectacle de marionnettes qui adapte le *Don Giovanni* dans un «opéra miniature»). Divas comme chanteurs débutants se doivent d'y participer (page de gauche, Gino Quilico et Patricia Rozario à Aix). Parmi les innovations, on peut citer la mise en scène de Peter Sellars, à Bobigny en 1989, qui transpose le mythe dans le monde moderne américain et souligne la violence du rapport entre Don Juan et Leporello.

Mais c'est le plus souvent autour de l'interprète du rôle-titre que tout se passe, et Ruggero Raimondi figure le grand Don Juan de notre époque : il donne toute son autorité, son goût du jeu et de la provocation au personnage, dans le célèbre film de Joseph Losey (1979). Sous la direction de Lorin Maazel, *Don Giovanni* se caractérise alors par la vigueur, l'éclat et la fougue, et oppose le mouvement théâtral, la lumineuse dépense du grand seigneur arrogant, la fête, l'appétit, à l'obscure présence du crime et de la mort, à la sombre apparition de la statue.

Don Juan et surtout le donjuanisme ont servi de thème à bon nombre de films, généralement pour y représenter un séducteur sans transcendance mais capable de séduire un public avide d'histoires d'amour et d'aventures tumultueuses. John Barrymore inaugure l'ère des aventuriers libertins, en 1926, dans le film d'Alan Crosland. A sa suite, Douglas Fairbanks tourne avec Alexandre Korda *La Vie privée de Don Juan*. En 1949, Errol Flynn incarne le héros, en Don Juan hollywoodien, exerçant avec ostentation le magnétisme de son sourire (ci-dessous) : le mythe s'éloigne de ses sources littéraires.

## Le séducteur à l'écran

Le cinéma s'empare donc de Don Juan, non seulement pour créer le premier « film-opéra », ou pour filmer exactement Molière (Marcel Bluwal, 1965), mais aussi pour illustrer de manière fort contradictoire le mythe du héros libertin.

En 1926, Alan Crosland, dans le premier film sonore du cinéma, transporte Don Juan (John Barrymore) et Elvire (Mary Astor) à la cour

des Borgia, sans trop bouleverser l'intrigue de Molière. Plus loin du texte est la comédie de John Berry (1956) avec Fernandel, où le valet de Don Juan séduit les belles Espagnoles, mais n'en aime qu'une. La comédie dramatique de Carmelo Bene (*Don Giovanni*, 1970), dans une mise en scène étonnamment baroque, montre un Don Giovanni désireux de séduire la fille de sa maîtresse. Enfin, avec Vadim, en 1973 (*Don Juan 1973 / Si Don Juan était une femme*), Don Juan prend les traits de Brigitte Bardot, que ses multiples expériences sexuelles (avec Maurice Ronet et Robert Hossein, entre autres) mènent à une fin tragique.

Comme dans la littérature, Don Juan devient peu à peu synonyme de séducteur, témoin le film de Lattuada, *Don Giovanni in Sicilia* (1967, d'après le roman de Brancati), dans lequel les jeunes gens siciliens sont de ridicules coureurs éternellement frustrés.

Il faudra la mise en scène de Marcel Bluwal pour la télévision (1965, avec Michel Piccoli en Dom Juan et Claude Brasseur en Sganarelle, page de gauche) et celle de Losey (1979, avec Ruggero Raimondi, ci-dessus), pour que, respectivement, Molière et Mozart trouvent tout leur éclat et leur complexité grâce à une parfaite maîtrise des images filmées. On ne peut oublier, dans le film de Losey, la barque sombre portant la statue du Commandeur et glissant sur une eau bleue, telle la mort carnavalesque flottant sur le Styx (ci-dessus).

Patrice Chéreau (1969) souligne les contradictions du XVIIe siècle et représente un Dom Juan traître à sa classe, une sorte de «noble intellectuel de gauche», éliminé par le pouvoir monarchique. Quant à Sganarelle (ci-contre, Marcel Maréchal), homme du peuple farcesque, il est un handicapé de ce langage que Dom Juan sait si bien manier. La machine infernale de la fin devient alors le symbole du «Grand Siècle» qui exclut le libre penseur et venge ainsi toute une société.

## Dom Juan politique, Dom Juan comique

Mais c'est la comédie de Molière qui, au théâtre, est assurément l'objet des enjeux les plus forts, parce qu'elle contient des ambiguïtés qui permettent une multiplicité de lectures : des interprétations politiques principalement, qui, défendant tantôt Dom Juan tantôt Sganarelle, s'interrogent sur ce grand seigneur qui défie la Loi et ridiculise son valet. Sganarelle est le représentant du peuple aliéné par son maître (Meyerhold, 1932), généralement privé du langage socialement reconnu (Chéreau, 1969). Dom Juan, lui, symbolise le paradoxe de l'aristocrate éclairé, à la fois libertin cynique (Jouvet, 1947), en marge, traître à sa classe, et déterminé à exercer sa raison et à affirmer la liberté de l'homme (Vilar, 1953; Besson, 1955; Bluwal, 1965; et Chéreau).

Dans le même temps, les metteurs en scène entendent rendre compte du comique du texte, de sa théâtralisation, et font de Dom Juan un noble dépravé qui installe lui-même le spectacle en ridiculisant toutes les valeurs sociales (Sobel, 1973), un comédien farcesque qui se rit de tout (Caubère, 1978), un masque social et théâtral qui ne peut laisser parler sa pureté intérieure (Vitez, 1979).

Jean Vilar, en Dom Juan, (ci-dessus, à gauche, Avignon, 1958), insiste sur le paradoxe qui fait d'un aristocrate sûr de ses droits un rationaliste défenseur des libertés, un grand seigneur ascétique à la recherche désespérée de l'absolu. Lié à lui, Sganarelle (Daniel Sorano) ne peut se libérer de l'emprise du maître. Antoine Vitez (ci-contre, 1978) fait du libertin de Molière un martyr du jeu social, un masque nécessaire à la vie mondaine du XVII^e^ siècle, alors que son âme est pure. Loin de lui, Sganarelle ignore la duplicité du monde. Francis Huster (Sganarelle) et Jacques Weber (Dom Juan), au Théâtre du Rond-Point en 1987 (ci-dessus) représentent le duo d'un maître nonchalant et d'un valet feu-follet.

Beno Besson cherche à rendre simultanément le caractère comique de la pièce et sa signification sociale (page de droite, Philippe Avron en Sganarelle, 1987). Roger Planchon se sert avec délices de la hauteur terrible de Gérard Desarthe (ci-contre, 1980) pour montrer la force avec laquelle Dom Juan résiste aux arguments religieux d'Elvire (Brigitte Fossey), nonne suppliante, avant de chercher à la séduire à nouveau. Pierre Arditi (de dos, à droite, 1988) dans la mise en scène de Marcel Maréchal, est un homme de l'instant présent, disponible et moderne.

Mais qu'elles soient politiques, comiques, théâtrales ou philosophiques, les mises en scène de *Dom Juan* se réfèrent toutes à ce «formidable dispositif de subversion généralisée» que la quête de Dom Juan met en place (Lassalle, 1993).

## L'humaine condition

Aucune valeur ne résiste et Don Juan est possédé par ce vertige autant qu'il l'inflige aux autres, si bien qu'il finit désabusé, fatigué des femmes, de la lutte, de l'héroïsme et des mots eux-mêmes. Don Juan est maintenant un homme hors du surnaturel, face à sa propre mort, un suicidé possible (Boutté, 1980), ou un malade expirant (Weber, 1998), las du monde, de sa conscience, de ses défis, de ses refus de jeune homme.

«Nous sommes tous en situation de confrontation avec notre conscience. Le Commandeur est le signe de notre vie intérieure, de ses mystères, de ses angoisses, de ses quêtes, de ses refus de certains codes sociaux. Le problème d'Hamlet, celui de Dom Juan, peut être celui de chacun d'entre nous» (Jean-Luc Boutté). La mise en scène semble ainsi avoir pris le relais de la création pour représenter l'essentiel du mythe : la définition contradictoire de l'humaine condition.

Jacques Lassalle (Comédie-Française, 1993, page suivante) montre un Dom Juan jouisseur et athée, inquiet, ambigu, bloqué dans une quête incertaine, dans un «vertigineux tourniquet» où aucune valeur ne résiste. Dom Juan est ainsi pris au piège de son incessant voyage, condamné à revenir sur les lieux de son crime. Et au centre de ce cercle enchanté, le tombeau est, selon Lassalle, «le véritable champ magnétique de l'œuvre».

# TÉMOIGNAGES ET DOCUMENTS

# Pourquoi commencer par la fin ?

*Le mythe de Don Juan est avant tout marqué par la rencontre de l'homme et de la mort. Don Juan court à sa rencontre, dîne avec elle, et se brise à son contact. Pour lire les* Don Juan, *il faut donc commencer par les scènes finales. On trouvera ici la fin du* Don Juan *de Tirso de Molina, puis celle du* Dom Juan *de Molière, et enfin celle du* Don Giovanni *de Mozart.*

## Au fond du mythe l'énigme de la statue de pierre

*Jean Rousset, auquel cet ouvrage doit beaucoup, insiste sur la présence active du mort, de la statue animée dans les textes des XVII<sup>e</sup> et XIX<sup>e</sup> siècles, et montre comment, au XX<sup>e</sup> siècle, il est devenu difficile, voire impossible, de rendre compte de l'affrontement de l'homme et du sacré.*

Don Juan comme mythe prend donc naissance dans la mort, par *le* Mort, par le contact final avec l'Invité de pierre, ce *Convitato di pietra* qui a donné leur titre à tant de pièces, de scénarios et d'opéras. Eros et Thanatos sont si étroitement associés dans cette aventure qu'en les dissociant on la dénaturerait; aussi cette histoire ne prend-elle son vrai sens que par sa fin. Le drame de Don Juan se lit à l'envers, à partir de l'épisode fantastique : la rencontre avec la Statue, les apparitions du Mort. Tout se joue autour de ces face à face surnaturels, sur ce seuil interdit aux vivants.

Quand de nos jours les incroyants du mythe racontent à leur tour l'histoire de Don Juan, ils s'en prennent logiquement à l'Invité de pierre et à la «descente en enfer», qu'ils présentent comme une mystification, un jeu théâtral monté par des farceurs (Montherlant) ou par le héros lui-même (Frisch), à moins qu'ils ne leur substituent l'hémiplégie (Lavedan) ou l'infarctus (Anouilh); et s'ils remettent en scène la pièce de Molière, ils remplacent la statue qui parle et marche par les frères d'Elvire (Arnavon) ou par deux sbires, allégories du pouvoir politique (Chéreau). On n'élimine pas la mort du séducteur, mais on le fait mourir naturellement. […]

De Tirso à Frisch, du Mort présent au Mort refusé ou subverti se déploie sur trois siècles la trajectoire du mythe avec ses métamorphoses et ses renversements de sens; pour qui veut surprendre ceux-ci, il n'est pas de meilleur terrain d'observation que les gestes et paroles attribués successivement à ce véritable protagoniste qu'est l'Invité de pierre. [...]

Quelle que soit la version considérée, quel que soit le point de vue adopté, le héros nous est toujours montré en marge de tous, en guerre contre tous. Mais le dessous des cartes lui reste caché; il sera réservé au coup de théâtre final de lui en faire connaître le sens; et de lui annoncer le plus imprévu des châtiments.

L'histoire de Don Juan est celle d'un coupable soumis à une inculpation d'abord diffuse et qui lui reste inintelligible jusqu'au moment où, ayant provoqué les apparitions du Mort accusateur, il se trouve placé devant l'évidence de la faute ou du verdict. On conçoit dès lors que l'aventure de Don Juan puisse se raconter par la fin et s'interpréter à partir de son dénouement funèbre.

Jean Rousset,
*Le Mythe de Don Juan,*
«U Prisme», Armand Colin, 1978

## Tirso de Molina : ragoût d'ongles et justice de Dieu

*Tirso de Molina représente une dernière scène macabre, où Don Juan brave la mort en se mettant à sa table. Serpents, fiel, vinaigre, ongles noirs, rien ne le fait céder. Le jeune homme s'obstine jusqu'à ce que la main de pierre le prenne.*

*Don Juan, Catalinon, Don Gonzalo*

DON JUAN

Qui va là ?

DON GONZALO

C'est moi.

CATALINON

Je suis mort !

DON GONZALO

Non c'est moi, le mort… N'aie pas peur. *(A Don Juan.)* Je ne croyais pas que tu viendrais, toi qui mens à tout le monde.

DON JUAN

Me prends-tu pour un lâche?

DON GONZALO

Oui : je t'ai vu t'enfuir, la nuit où tu m'as tué.

DON JUAN

J'ai fui pour ne pas être reconnu. A présent, me voici. Dis ce que tu me veux.

DON GONZALO

Je t'invite à souper.

CATALINON

Il nous faudra nous passer de table et nous contenter de viande froide : je ne vois pas de cuisine...

DON JUAN

Soupons.

DON GONZALO

Oui, soupons. Mais il faut que tu soulèves cette dalle.

DON JUAN

Volontiers. Si tu veux, je soulèverai ces piliers!

DON GONZALO

Tu es brave.

DON JUAN

Je ne connais pas la peur.

*Il soulève la dalle d'un tombeau. Apparaît une table dressée de noir.*

CATALINON

C'est une table de Guinée !... Personne ne fait donc jamais le ménage, ici?

DON GONZALO

Assieds-toi.

DON JUAN

Où cela ?

CATALINON

Deux pages noirs apportent des sièges. *(Deux figures endeuillées apportent des chaises.)* On dirait que la mode est au crêpe, par ici…

DON GONZALO

Assieds-toi.

CATALINON

Moi, seigneur?… C'est que j'ai déjà dîné…

DON GONZALO

Ne réplique pas.

CATALINON

Je ne réplique pas… Mon Dieu, tirez-moi de ce pas!… Quel est ce plat, seigneur?

DON GONZALO

Ce plat? Des scorpions et des vipères.

CATALINON

C'est exquis!

DON GONZALO

C'est notre ordinaire… Tu ne manges pas?

DON JUAN

Je mangerais tous les serpents de l'enfer, si tu me les servais.

DON GONZALO

Je veux aussi t'offrir un concert.

CATALINON

Quel est ce vin?

DON GONZALO

Goûtes-en.

CATALINON

Pouah! cela tient du fiel et du vinaigre!

DON GONZALO

C'est le vin de nos pressoirs.

*On chante :*

Vous que le divin courroux
N'a pas su rendre prudents
Prenez garde : il est un temps
Où chaque dette se paie…

CATALINON

Par le Christ, je n'aime pas ça! Si j'ai bien compris ce qu'on chante, c'est de nous deux qu'il s'agit…

DON JUAN

Un froid glacial me pénètre le cœur…

*On chante* :

L'imprudent croit à l'avenir
Et se dit qu'il a bien le temps
Mais il est plus tard qu'il ne pense
Et le temps vient du repentir…

CATALINON

Quel est ce ragoût?

DON GONZALO

Il est fait d'ongles noirs.

CATALINON

Des ongles de tailleur, sans doute…

DON JUAN

J'ai fini de souper, qu'on desserve la table.

DON GONZALO

Donne-moi la main. N'aie pas peur.

DON JUAN

Moi, peur? *(Il lui tend la main.)* Ah! ton feu me brûle!

DON GONZALO

C'est peu de chose auprès des flammes qui t'attendent, Don Juan. Les desseins de Dieu sont impénétrables, sache-le : tes fautes, il veut que tu les expies de la main d'un mort. Telle est sa loi : chacun paiera selon ses actes.

DON JUAN

Je brûle! Ne me retiens pas! Je te percerai de ma dague… Hélas! mes coups ne frappent que le vide… Je n'ai pas dupé ta fille : elle avait déjà découvert ma ruse!

DON GONZALO

Il n'importe. Tu l'avais tentée.

DON JUAN

Laisse-moi appeler un confesseur qui m'absolve de mes péchés !

DON GONZALO

Trop tard. Il n'est plus temps d'y penser.

DON JUAN

Ah! je brûle, je m'embrase, je suis mort!

*Il tombe mort.*

CATALINON

Pas moyen d'y échapper! Je sens que je vais mourir aussi, comme mon maître!

DON GONZALO

Telle est la justice de Dieu : chacun paiera selon ses actes.

*Le Sépulcre s'entrouvre et engloutit Don Juan et la Statue, tandis que Catalinon se traîne vers la porte du mausolée.*

CATALINON

Seigneur! Que se passe-t-il? Toute la chapelle s'embrase, et me voici seul pour veiller et garder mon maître mort! Il me

faut me traîner dehors, pour aller avertir son père… Saint Georges, saint Agneau de Dieu, permettez-moi d'atteindre la rue!…
*[Rideau.]*

Tirso de Molina,
*Le Trompeur de Séville et le Convive de pierre*, 1630,
Scène XX, Stock, 1979

## Molière : «Où faut-il aller?»

*La fin du texte de Molière est beaucoup plus ambiguë : Dom Juan n'est-il pas en effet trop rapidement châtié et peut-on être convaincu de la réalité de ce Commandeur qui n'est après tout, qu'une machine de théâtre… Après qu'à la scène 5 de l'acte V un spectre déguisé en femme voilée ait exhorté Dom Juan au repentir :*

LE SPECTRE

Dom Juan n'a plus qu'un moment à pouvoir profiter de la miséricorde du Ciel; et s'il ne se repent ici, sa perte est résolue.

*En vain appuyé par un Sganarelle effrayé :*

SGANARELLE

Ah ! Monsieur, rendez-vous à tant de preuves, et jetez-vous vite dans le repentir.

*La sixième et dernière scène, qui se joue entre la statue, Dom Juan et Sganarelle, paraît presque expéditive.*

LA STATUE

Arrêtez, Dom Juan : vous m'avez hier donné parole de venir manger avec moi.

DOM JUAN

Oui. Où faut-il aller ?

LA STATUE

Donnez-moi la main.

DOM JUAN

La voilà.

LA STATUE

Dom Juan, l'endurcissement au péché traîne une mort funeste, et les grâces du Ciel que l'on renvoie ouvrent un chemin à sa foudre.

DOM JUAN

O Ciel ! que sens-je ? Un feu invisible me brûle, je n'en puis plus et tout mon corps devient...

SGANARELLE

Ah ! mes gages, mes gages ! Voilà par sa mort, un chacun satisfait : Ciel offensé, lois violées, filles séduites, familles déshonorées, parents outragés, femmes mises à mal, maris poussés à bout, tout le monde est content. Il n'y a que moi seul de malheureux. Mes gages, mes gages, mes gages !

Molière,
*Dom Juan ou le Festin de Pierre,*
Acte V, scène 6

## Mozart : le mot de la fin

*Mozart et Da Ponte, eux, tirent une leçon morale claire de la mort de Don Giovanni et rassemblent les autres personnages pour condamner l'impie. Après s'être rendu à l'invitation de Don Giovanni, le Commandeur refuse de manger.*

LE COMMANDEUR

Arrête.
Il ne goûte pas aux nourritures terrestres,
Celui qui goûte aux nourritures célestes.
D'autres soucis plus graves que ceux-là,
D'autres volontés m'ont conduit ici-bas!

*Il convie à son tour Don Giovanni à un souper qui n'aura jamais lieu.*

LE COMMANDEUR

Viendras-tu ?

LEPORELLO *(à Don Giovanni)*

Dites non !

DON GIOVANNI

Mon cœur est ferme dans ma poitrine :
Je n'ai pas peur, je viendrai !

LE COMMANDEUR

Donne-moi la main en gage.

DON GIOVANNI

La voilà. *(Il crie fort.)*
Oh ciel !

LE COMMANDEUR

Qu'as-tu ?

DON GIOVANNI

Quel froid glacial est-ce là ?

LE COMMANDEUR

Repends-toi, change de vie :
C'est le dernier moment.

DON GIOVANNI

Non, non, je ne me repens pas;
*(Il veut se dégager, mais en vain.)*
Va-t'en loin de moi.

LE COMMANDEUR

Repens-toi, scélérat !

DON GIOVANNI

Non, vieillard présomptueux !

LE COMMANDEUR

Repens-toi .

DON GIOVANNI

Non.

LE COMMANDEUR ET LEPORELLO

Si.

DON GIOVANNI

Non.

LE COMMANDEUR

Ah ! il n'est plus temps.
*(Il sort. Du feu sort de divers endroits, la terre tremble, etc).*

DON GIOVANNI

Quel est cet insolite tremblement
Dont je sens mes esprits assaillis ?
D'où sortent ces tourbillons
D'un horrible feu ?

CHŒUR

*(sous terre, avec des voix sombres)*

Tout cela est peu en regard de tes fautes.
Viens, il est un mal bien pire.

DON GIOVANNI

Qui me lacère l'âme ?
Qui m'agite les viscères ?
Quel supplice, hélas ! quelle angoisse !
Ah ! Quel enfer ! quelle terreur !

LEPORELLO

Quel air désespéré !
Quels gestes de damné !

Quels cris ! quelles lamentations !
Comme il m'inspire de la terreur !
*(Le feu s'accroît. Don Giovanni s'abîme dans le sol.)*

CHŒUR
*(sous terre, avec des voix sombres)*
Tout cela est peu en regard de tes fautes.
Viens, il est un mal bien pire.

DON GIOVANNI ET LEPORELLO
Ah !

Scène XV,
*Don Giovanni* de Mozart

*A la scène finale, Don Giovanni n'est plus. Leporello, Donna Anna, Donna Elvira, Don Ottavio, Masetto et Zerlina commentent sa disparition et concluent :*

DONNA ELVIRA, ZERLINA,
DON OTTAVIO ET MASETTO
Ah ! où est le perfide,
Où est l'indigne ?
Je veux exhaler
Toute mon indignation.

DONNA ANNA
Je devrai le voir
Serré dans ses chaînes
Pour que mes tourments
Enfin s'apaisent.

LEPORELLO
N'espérez plus…
Le retrouver…
Ne cherchez plus,
Il est parti bien loin.

TOUS SAUF LEPORELLO
Qu'est-ce ? parle…

LEPORELLO
Il est venu un colosse…

TOUS SAUF LEPORELLO
Allons, vite, dépêche-toi…

LEPORELLO
Mais si je ne peux pas…
A travers fumée et feu…
Voyez un peu…
L'homme de pierre…
Arrêtez vos pas…
Juste là-dessous…
Lui a donné le grand coup…
Juste là, le diable…
L'a avalé d'un trait.

TOUS SAUF LEPORELLO
Ciel ! Qu'entends-je !

LEPORELLO
La chose est vraie.

DONNA ELVIRE ET TOUS
SAUF LEPORELLO
Ah ! c'est certainement l'ombre
Que j'ai / Qu'elle a rencontrée !

DON OTTAVIO
A présent, ô ma bien-aimée,
Que nous sommes tous vengés par le Ciel,
Apporte-moi un réconfort,
Ne me fais pas languir davantage.

DONNA ANNA
Laisse, ô cher, une année encore
Aux épanchements de mon cœur.

DON OTTAVIO ET DONNA ANNA
Au désir de celle qui m' / t' adore
Un fidèle amour doit céder.

DONNA ELVIRA
Je m'en vais dans une retraite
Pour y finir ma vie.

ZERLINA ET MASETTO
Nous, Masetto / Zerlina, nous allons à la maison
Souper en compagnie.

LEPORELLO
Et moi, je vais à l'auberge
Pour trouver un meilleur maître.

LEPORELLO, MASETTO ET ZERLINA
Qu'il reste donc, ce fripon,
Avec Proserpine et Pluton;
Et nous tous, ô bonnes gens,
Répétons allégrement
La très vieille chanson :

TOUS
Telle est la fin de celui qui fait le mal;
Et la mort des perfides
Est toujours pareille à leur vie.

Scène finale,
*Don Giovanni* de Mozart

# Dom Juan au théâtre

*Comment mettre en scène Dom Juan, comment résoudre la question de la machine théâtrale et surtout, pour quoi dire ? Faut-il condamner l'impie ou célébrer le rebelle ?*

Raphaël Duflos dans le rôle de Dom Juan, à la Comédie-Française, 1917.

## Un personnage en marche vers la catastrophe

*Pour Jacques Copeau, grand metteur en scène de l'entre-deux guerres, l'intrigue de* Dom Juan *de Molière est tout entière la résultante d'une incroyable force théâtrale. Quelque chose saisit les metteurs en scène aux prises avec cette œuvre, c'est sa force, son mouvement, sa marche irrémédiable. Une force et une énergie si difficiles à transcrire…*

Le disparate des matériaux, le grossoiement des joints, la rudesse de la construction et de son équilibre, ses ruptures de plans, l'achèvement magistral de certaines parties avec le mépris de l'unité totale, – tout cela met à nu, si je puis dire, la force de l'ouvrier.

Un travail brusque suffirait à rendre compte de cette étrangeté de structure. Mais nous pouvons nous demander si Molière n'a pas voulu tant de contrastes brutaux, tant de secousses données à l'esprit du spectateur pour faire passer les hardiesses que le réalisme du *Tartuffe* rendait peut-être intolérables. La colique de Sganarelle servirait d'excuse à la scène du Pauvre, à moins que les beaux sentiments de Dom Carlos n'eussent amadoué déjà le spectateur en lui donnant quelque chose à admirer. Les pantalonnades du IVe acte tâcheraient à faire oublier le : «Eh! mourez le plus tôt que vous pourrez» de la scène 5, ou le : «Madame, il est tard, demeurez ici» de Dom Juan à Elvire. Peut-être Molière, sortant du cadre qu'il avait su si bien dresser et qu'il va s'imposer à nouveau dans le *Misanthrope*, se libérant encore une fois comme il le fit naguère en s'élançant vers la comédie-ballet, peut-être Molière, qui sait si bien se laisser inspirer par les circonstances et par son sujet, Molière, si ouvert, a-t-il entrevu, en

Sganarelle, dessin au crayon noir de Félix Braquemond.

composant *Dom Juan*, une forme nouvelle qui toucherait tous les extrêmes et permettrait toutes les audaces, à l'abri de toutes les fantaisies. Peut-être enfin s'est-il plu, au point de maîtrise où le voici parvenu, à laisser aller sa pensée de son propre mouvement et de son propre poids, à laisser sa force créatrice tracer d'elle-même son cours parmi des épisodes qu'il n'a guère pris la peine d'agencer en forme théâtrale. Point d'intrigue, mais un thème repris sur des modes divers. Point de conflit : un personnage en marche vers une catastrophe. Le ton même a changé, la coupe et l'accent du discours, comme s'il venait d'une autre région de l'âme…

Jacques Copeau,
Notices pour les *Œuvres complètes de Molière,* 1926-1929, reprises dans *Registres II*, Gallimard, 1976

## La machine théâtrale selon Jouvet

*Une mise en scène repose d'abord sur la capacité des praticiens du théâtre à résoudre des problèmes techniques. Louis Jouvet, qui a marqué par son jeu et sa mise en scène toutes les représentations contemporaines de* Dom Juan*, cherche à expliquer ce qui lui a permis, techniquement, de transcrire la question essentielle que le texte pose : «le problème des fins dernières de l'homme et de la mort».*

J'ai travaillé longtemps la pièce, sans autre préoccupation que de résoudre ces problèmes de figuration théâtrale qui confinent au surnaturel ou au merveilleux. J'en ai parlé longuement avec Bérard *[le scénographe de Jouvet]*.

Vous savez qu'à la fin Dom Juan est englouti : «Le tonnerre tombe avec un grand bruit et de grands éclairs sur Dom Juan. La terre s'ouvre et l'abîme et il sort de grands feux de l'endroit où il est tombé.» A la lecture de cette indication, on est quelque peu ennuyé parce que c'est difficile de faire cela. Ça peut se pratiquer dans l'opéra où la convention est plus conventionnelle, si on peut dire. Au XVII^e siècle, on pouvait facilement utiliser une trappe; la lumière sur scène était cinq cents fois moins forte qu'à notre époque (il y avait en tout sur la scène du Palais-Royal une centaine de bougies, ou plutôt de chandelles). Dans la pénombre de cette scène, le merveilleux devait se pratiquer avec plus de facilité.

D'autre part, il y a quelque chose de très particulier : Dom Juan s'engloutit avec le Commandeur et Sganarelle dit : «Voilà par sa mort un chacun satisfait…» et s'écrie au-dessus de ce trou : «Mes gages, mes gages, mes gages.»

J'en parlais avec Bérard. Et je lui disais : je ne vois pas comment on peut arriver à faire disparaître Dom Juan ni comment Sganarelle peut prendre un ton comique pour réclamer ses gages.

Détail d'une maquette de Christian Bérard pour le *Dom Juan* de Louis Jouvet (1947)

Un auteur dit : «On a poussé le respect pour les moindres indications venues de Molière jusqu'à faire apparaître au cinquième acte le fantôme d'une femme voilée qui se transforme tout à coup en une figure du Temps avec sa faux à la main. J'avoue, dit le critique, que je ne comprends ni le but ni la convenance de cette apparition symbolique dans une pièce fondée sur le merveilleux chrétien. Cette vision ne me paraît se lier à rien dans la pièce, à moins que ce ne soit l'annonce emblématique de la mort d'Elvire; mais pourquoi le Temps avec sa faux?»

Il y a dans cette réflexion un peu saugrenue une indication. Personne ne contestera que cette «vision», c'est la figure symbolique de la Mort. La disparition de Dom Juan n'a rien à voir avec la mort d'Elvire, qui n'est pas dans la pièce. Il s'agit de la mort de Dom Juan. C'est le phénomène de la mort.

Quant au problème de la réplique de Sganarelle, j'ai dit à Bérard : on pourrait la faire dire en dehors de cette disparition, imaginer par exemple que Sganarelle a rêvé. – Non, dit Bérard, ce n'est pas bien, pas de bon goût. – Ou alors imaginer que Dom Juan est mort? Il a un tombeau sur lequel son nom est gravé, comme les tombeaux espagnols où l'on voit écrit : «Ici attend la résurrection le seigneur Un Tel.» Là, Sganarelle vient lui faire sa petite visite et dit sa réplique devant ce tombeau : «Voilà par sa mort un chacun satisfait. Ciel offensé, lois violées, filles séduites, familles déshonorées, parents outragés, femmes mises à mal, maris poussés à bout, tout le monde est content. Il n'y a que moi seul de malheureux.» Et il s'en va après cette petite visite et dit : «Mes gages, mes gages, mes gages.» Et c'est la fin de la pièce. Bérard a acquiescé tout de suite à cette proposition. Dans la mise en scène que nous avons faite de *Dom Juan*, nous avons cherché la continuité de l'action. Nous avons cherché à rendre valable, pour des esprits modernes, le merveilleux qui y est contenu, que ce soit sous une forme symbolique ou sous une autre; nous avons cherché à ce que la fin de la pièce signifie ce qu'elle signifie, à mon sens : le problème des fins dernières de l'homme et de la mort.

Eh bien! avec cette mise en scène établie sur des données techniques et logiques, qui partaient de la pratique, nous avons joué la pièce plus de fois qu'on ne l'avait jouée depuis Molière (c'est-à-dire une centaine de fois depuis 1665) : nous l'avons jouée deux cents fois.

C'est donc que nous avions mis le doigt sur un point technique particulièrement intéressant, par quoi la pièce redevenait attrayante – et la mise en scène qui réussit a toujours raison.

Louis Jouvet,
«Le Point de vue du metteur en scène»,
*Revue d'histoire du théâtre*, 1951

## «Dom Juan», une machine de théâtre politique pour un personnage traître à sa classe, selon Chéreau

*A travers les déclarations de Patrice Chéreau, metteur en scène de Dom Juan en 1969, et de Gilles Sandier, son commentateur, on voit que le personnage de Molière, à travers l'idée de machine théâtrale, acquiert une portée politique complexe, à la fois comptable du XVII^e siècle et de notre époque.*

Sur le ciel d'hiver se détacheront les lourdes pièces d'une machinerie primitive : des ouvriers la serviront en permanence et pratiqueront suivant l'heure du jour les travaux de force de cette machine à tuer les libertins, ou le petit artisanat du tonnerre et des nuages à faire naître à la volonté. Ce sont les machines qui feront apparaître les automates qui liquideront l'opposition libertine et présenteront alternativement deux lieux opposés : la ferme abandonnée où Don Juan, coupé de sa classe, privé de toute possession personnelle et de toute puissance politique, mène son aventure individuelle, et le mausolée du Commandeur, un chantier où, pour l'édification de tous, se dressent tout neufs les signes tangibles d'une chrétienté triomphante, une politique de grandeur du bâtiment religieux, couvert de statues souffrant d'une souffrance toute chrétienne et qui ne pourront manquer de faire rire Don Juan.

Le mouvement de la machine racontera le temps qui s'écoule. Don Juan, en tant qu'il pratique l'art de vivre, organise sa journée avec méthode.

Marcel Maréchal dans le rôle de Sganarelle, véritable personnage central dans la mise en scène du *Dom Juan* de Molière par Patrice Chéreau, au Théâtre Gérard Philipe, à Sartrouville en 1969.

Des moments de qualité sont à inventer en permanence : c'est au lever du jour que Don Juan pratiquera l'art difficile de la rupture en amour entre les plaisirs de l'eau froide, du petit déjeuner et de la lecture. En plein midi, il conduira son désir, agressera dans l'après-midi plusieurs personnes qui vivent en contradiction avec leur morale, rêvera de tuer son père au soir de sa journée, pratiquera la ruse le lendemain matin, et mourra à midi parce que l'auteur manquait d'arguments et qu'il fallait en finir.

A l'intérieur de cette machine, une troupe jouera et fera naître la campagne française issue de la Fronde, et toute une population de journaliers, de valets et de femmes habitués à la ruse et à l'écrasement de leur destinée et survivant sous les fléaux conjugués des voleurs, des hobereaux qui battent la campagne, et d'un intellectuel qui pratiquera sous leurs yeux les douces violences du sentiment et les cruautés enfantines du libertinage.

Patrice Chéreau (1969),
in «Dom Juan… dans la mise en scène de P. Chéreau, analysée et commentée par G. Sandier», *L'Avant-scène*, 1976

**Dom Juan et la politique du temps : l'exclusion de l'individu**

Cette fois, fini le «mythe» Don Juan; foin des divagations érotico-mystiques, sado-nietzschéennes, ou anarcho-gauchistes. En face d'un texte, et d'une société, de 1665, Chéreau essaie de voir ce que ce texte nous *raconte* sur cette société, sur ses structures morales, religieuses, politiques, et sur les conflits qui constituent son histoire; en n'oubliant jamais que l'auteur, un certain Molière, était, en face de ce régime, en position ambiguë de servant et de contestataire. Et, paradoxalement, cette perspective rigoureusement historique, et magnifiquement intelligente, et servie par une égale intelligence de l'art théâtral, fait de Dom Juan notre contemporain comme il ne l'a jamais été. […]

Tout l'éventail des maîtres est là – personnages qu'aucune autre mise en scène de Dom Juan ne m'avait jamais donné à voir : vieux féodaux carnassiers du Moyen Age (Dom Alonse), ou féodaux frottés de chevalerie, gargarisés d'«honneur» et de «gloire» (Dom Carlos), et la figure monarchiste du Père (Dom Louis), ce père dont Dom Juan souhaite, sans farder, la mort. Ils sont tous là habillés de cuir, ou couverts de peau de bêtes : boyards sortis d'Eisenstein. Au milieu de ces dinosaures à blason, un traître, un «bâtard», un noble intellectuel de gauche : Dom Juan. Il casse le jeu des autres. Sachant Dieu mort, et le Diable aussi, acceptant cyniquement la déchéance politique de sa classe (la Fronde a été écrasée), ce libertin qui ne croit plus qu'en son désir et dans le pouvoir (révolutionnaire) de la raison, a l'audace de ne rien cacher. Ce frère aîné de Sade met en pièce les tabous, et la mascarade morale qui fonde pourtant le pouvoir de sa classe; il en précipite donc la décadence, mais il a besoin de cette classe pour exercer son jeu égoïste et souverain : cet individualiste n'a pas encore lu Marx. Il en mourra, progressiste qu'il est, car lorsqu'on a commencé à faire tomber les masques sans pour autant vouloir la révolution, on meurt, victime de ceux qu'on a trahis. Ce noble en rupture de ban, presque chef de bande, entouré de gorilles catcheurs dans une ferme en ruines, rose et herbue, est, en fait, mis à mort dans le sac de son repaire, à l'avant-dernière scène. La machine infernale de la fin, joliment démystifiée, n'est que la métaphore «Grand Siècle», l'imprimatur bien-pensant, la figure théâtrale et rassurante d'une machination bien réelle : une vengeance nobiliaire.

Gilles Sandier,
«Théâtre et Combat.
Regards sur le théâtre actuel»,
in *Vie et mort des classiques*
Stock, 1970

## Le «Dom Juan» de Molière, dans l'absolue dépendance à ses désirs

*Jacques Lassalle a mis* Dom Juan *en scène en 1993, à la Comédie-Française. Lui aussi affirme que le personnage est partagé entre l'athéisme et la jouissance. Pour Lassalle, le libertinage des sens est aussi important que le libertinage des idées, aussi nécessaire pour comprendre que Dom Juan s'en prend à toutes les valeurs, dans un «formidable dispositif de subversion généralisée.»*

De toutes les créatures moliéresques, Dom Juan est celle qui va le plus loin dans l'absolue dépendance à ses désirs. Deux certitudes le déterminent. La première : «deux et deux font quatre, je ne crois que ce que je vois, et du même coup je m'interdis à moi-même, j'exècre chez les autres, toute croyance révélée». Voilà pour l'athée. La seconde, en corollaire : «je ne suis, je ne veux être, que l'instant que je vis». Voilà pour le jouisseur. J'ai pu penser longtemps que la question des femmes, du libertinage des sens dans le *Dom Juan* de Molière n'était, à la différence de celui de Mozart et de Da Ponte, que subsidiaire et s'effaçait bien vite devant l'autre libertinage, celui des idées. Il n'en est rien. Il faut comprendre que Dom Juan, en tout cas jusqu'à la fin du troisième acte, jusqu'à sa première rencontre avec la statue du Commandeur, ne soit rien d'autre que la suite de ses désirs. S'il les renonce aussitôt qu'assouvis, est-ce par ennui, inaptitude à aimer, besoin de détruire, ou héroïque discipline une fois pour toutes adoptée quel qu'en soit le prix? Peu importe, en définitive. Seul compte le formidable dispositif de subversion généralisée que sa quête de possession met en place. Il n'est pas de valeurs – famille, pouvoir, honneur de caste, religion – qui puissent résister. Dom Juan est possédé autant qu'il possède. Vertigineux tourniquet.

Fuite en avant, parcours linéaire, «road movie» avant la lettre? Je l'ai cru longtemps. Je me trompais. Dom Juan court, toujours plus vite, vers le châtiment annoncé. Mais sa course est circulaire. Même si cette journée des 36 heures autorisées par Aristote n'est que la contraction d'une vie entière de l'aurore à la nuit, de la jeunesse à la maturité, jusqu'à la mort choisie, pour ne pas dire désirée, la pièce revendique à bon droit l'unité de temps. Elle peut aussi revendiquer l'unité de lieu. Car il n'est qu'un seul espace auquel soit ramené Dom Juan, quels que soient ses efforts pour s'en arracher : c'est la ville où il s'est rendu coupable de la mort du Commandeur. Ville sicilienne, espagnole, française? méditerranéenne en tout cas. Ce Dom Juan est né latin, l'Europe du Nord ne le connaît pas encore. Le voyage de Dom Juan n'est que retour incessant sur les lieux du crime. Au centre du cercle enchanté, un tombeau, véritable champ magnétique de l'œuvre.

Jacques Lassalle,
*Le Pied de la lettre*,
Programme de *Dom Juan*,
Comédie-Française, 1993

# «Don Giovanni», opéra de la vie et de la mort

*Pierre-Jean Jouve, écrivain et mélomane averti, fait le portrait de l'opéra de Mozart. Il y décèle, par-delà la gaieté, une représentation presque mystique de la mort.*

## Un opéra gai et sombre

*Pierre-Jean Jouve, dans un superbe essai-commentaire du* Don Giovanni *de Mozart, analyse la capacité de la musique à aborder le problème de la mort sans renoncer aux «feux de la vie.»*

Une expérience complexe de la Mort dans l'art doué de la grâce – c'est ainsi que je ferai en une seule phrase le portrait de *Don Giovanni*.

Aucun musicien d'opéra n'a écrit une page aussi surprenante que celle du Souper. Mozart seul, voué à la mort prématurée et le sachant, mais insouciant de la mort, et entièrement attaché au problème de la lutte transcendante avec la Douleur, avait ici pouvoir et mission. Il est probable que plus d'un secret personnel de Mozart se trouve dans les Arie, enseveli avec gloire et transmué.

L'expérience de la Mort est l'expérience de la faute, comme elle est celle de la délivrance. Sous ces aspects le *Don Giovanni* est tellement riche, qu'il faut le placer parmi ces sommes de l'art qui sont trop humaines pour être réduites à de claires mesures, trop conduites par le paradoxe créateur pour offrir des solutions. *Don Giovanni*, présentant avec un sourire le monde de la Douleur, explique le nœud extraordinaire qui réunit désir et faute, montre l'instinct aux prises avec l'esprit, et l'homme ayant pour fonction de saisir, au moyen de sa misère, un reflet de la liberté divine. La pensée de *Don Giovanni* donne à la révolte autant d'illustration qu'à l'obéissance, mais elle commande le choix, et l'enjeu du choix est la mort.

On remarque que Dieu n'est pas invoqué dans ce gai et sombre opéra. Dieu n'est pas présent alors que sa vengeance ordonne l'action. Aucune oraison, aucune supplication ne sont adressées. Mozart eût sans doute allégué, avec son ironie coutumière, qu'un ouvrage profane ne pouvait manifester plus qu'une allusion aux choses suprêmes. Ce que nous apercevons dans le dénouement de *Don Giovanni* est plus surnaturel que religieux. Le châtiment du mal par la mort s'accomplit de façon éclatante. Et là, dans le monde clos de l'homme fatal et de l'homme idéal, où les deux gladiateurs se livrent une lutte sans merci, l'œuvre a toute sa profondeur. Cette profondeur est spirituelle.

La Musique, en abordant le problème de la Mort, est toute chargée des feux de la vie; bien que dans son principe formel, elle procède plus que tout autre art des lois de la mort. La Musique est toujours plus près de la mort spirituelle que de l'autre, la naturelle, mais elle dit encore admirablement la déchirure que la mort fait subir à la vie. La Musique est aussi capable de suivre, au sein de la vie la plus exubérante, la ligne qui va de douleur à péché, de péché à délivrance, de vie dans le temps à vie hors du temps. L'œuvre de Mozart entière est la plus haute et la plus ardente de celles qui portent cette expérience philosophique. Et dans l'ouvrage de Mozart, c'est *Don Giovanni* tout à côté de la *Messe en ut* et du *Requiem*, qui représente le point suprême de la découverte. Il faut ressentir la vertu d'une pareille création dans toutes les dimensions qu'elle occupe. Partant d'un remarquable vérisme psychologique (tel est le vrai sens du *Dramma giocoso*) elle arrive de plain-pied au plus inhumain, au plus fondamental, à l'entrée des choses célestes. Par *Don Giovanni*, Mozart se libère de la vie en la vivant jusqu'à ses limites naturelles. Et il quitte la vie qu'il adore. Une tendresse mystique pour l'homme est rompue en faveur d'une créance mystique plus élevée encore. La vraie lumière de la mort demeure suprême, et en elle, j'en suis certain, Dieu et Don Giovanni se réconcilient. Toutes ces réalités sont dans *Don Giovanni* à l'état de symboles de l'existence, et l'art qui les enveloppe demeure résistant; il ne dit point tout ce qu'il est, il conserve toujours un secret; il est, et nous sommes, à son image.

Pierre-Jean Jouve, *Le Don Juan de Mozart*, Plon, 1941

# Du libertinage au donjuanisme

*Don Juan libertin, certes, mais quel sens donner à ce mot ? Libertin philosophe, athée convaincu ou roué séducteur, collectionneur de femmes ?*

Leporello amplifie avec fierté la liste des conquêtes de son maître, Don Giovanni (ci-dessous). Après son naufrage, le Don Juan de Byron est recueilli, mourant, par Haydée et sa servante (à droite).

## Du libertinage érudit au libertinage philosophique

*Il ne faut pas confondre les libertins du XVIIe siècle et ceux du XVIIIe. Les premiers se heurtent toujours à Dieu, au Sacré, sont fragiles, inquiets, et parfois se renient. Les seconds tournent le dos à Dieu pour s'abîmer sans scrupules dans les plaisirs terrestres, ou deviennent philosophes, à la manière moderne. René Pintard, dans une thèse elle-même fort érudite, retrace avec précision l'histoire du courant libertin au XVIIe siècle, et suit la filiation possible de Gassendi, de La Mothe Le Vayer et de Gabriel Naudé, trois philosophes du milieu du XVIIe siècle, à la philosophie des Lumières,* via *Bayle et Fontenelle, écrivains et penseurs de la fin du XVIIe siècle.*

Peu de ressemblance, certes, entre le fleuve débordant qui va recouvrir presque tout le XVIIIe siècle de ses larges nappes, et ces courants qui, pendant la première moitié du dix-septième, s'efforçaient péniblement, par des itinéraires cachés et de compliqués méandres, de se frayer un chemin, jusqu'à ce qu'ils disparussent un instant, ensevelis sous les opulentes frondaisons de la spiritualité chrétienne et du génie classique. C'est la même eau, cependant, qui coule ici et là, et c'est sans doute parce que d'obstinés tâcherons en ont, durant cinquante ans, dirigé malgré tout les ruisselets, c'est parce qu'elle n'était pas depuis très longtemps perdue, qu'on la voit, environ 1680, retrouver si rapidement sa direction, et si impétueusement repartir.

De là, si timides qu'en aient été, en définitive, les manifestations, si restreinte que puisse paraître l'action qu'il exerça autour de lui, l'importance que le libertinage érudit de Le Vayer et de ses émules conserve, non seulement dans l'histoire des mœurs et des sentiments, mais dans celle des idées. Il n'a pas donné volontairement le branle au mouvement philosophique : ses adeptes n'avaient, pour s'y risquer, ni assez de liberté, ni assez de hardiesse contre autrui, ni assez de confiance en soi, ni d'ailleurs une conviction assez ardente. Il ne l'a pas même immédiatement préparé, faute de s'être assuré des continuateurs suffisamment nombreux et entreprenants. Cependant, s'étant approprié, aux premières années du siècle, l'héritage critique, tantôt sceptique et tantôt rationaliste, de la Renaissance, il s'est appliqué à le conserver autant que le permettaient les difficultés et les périls du temps; il l'a soigneusement trié, le débarrassant de ce qui, démenti par les récents travaux des savants ou contraire aux habitudes de l'esprit français, risquait de ne plus servir dans la lutte intellectuelle; il l'a grossi de ses propres observations; davantage encore, il a fait l'essai des ressources qu'il pouvait fournir dans les divers domaines de la réflexion historique, exégétique, scientifique ou morale; et si, gêné par le doute et arrêté par la peur, il n'est venu à bout d'aucune de ces expériences, du moins montrait-il, à qui voudrait les reprendre, où il valait la peine de les tenter.

Ainsi, cet héritage de la Renaissance, que pouvait faire oublier, par ses splendeurs littéraires et religieuses, le règne de Louis XIV, le libertinage érudit l'a transmis à la génération des Bayle et des Fontenelle, non comme un amas de faits périmés et de notions mortes, mais comme un ensemble de curiosités et de tendances toujours actives, de doctrines en voie d'évolution, de principes prêts à livrer leurs conséquences, de remarques propres à s'organiser bientôt en arguments : non point cendres refroidies, mais chair palpitante encore de ses efforts manqués et où se marquaient, visibles à ses cicatrices mêmes, les points meurtris par la défaite auprès desquels le combat devrait recommencer.

Estime-t-on, comme tout conduit à le croire, que l'essor de l'esprit «philosophique» à la fin du XVIIe siècle est, dans une large mesure, une suite de la Renaissance du seizième? Du même coup il faut conclure que le «libertinage triomphant» des Fontenelle et des Bayle n'eût pas existé sans ce «libertinage militant» des Le Vayer, des

Gassendi et des Naudé, qui fut aussi un libertinage souffrant, – hésitant, combattu, embarrassé de scrupules et de craintes, et qui n'arrivait à s'exprimer qu'en se reniant.

René Pintard,
*Le Libertinage érudit dans la première moitié du XVII^e^ siècle* [1943],
Slatkine, 1983

## L'amour, perpétuelle séduction

*Le philosophe danois Sören Kierkegaard dès 1843, analyse chez Don Juan le principe de la séduction, et plus particulièrement de la répétition, qui est au cœur du mouvement de séduction.*

Avant Don Juan, jamais la sensualité n'a été conçue comme principe; aussi l'éros se précise-t-il avec lui d'un nouvel attribut : il est ici *séduction*. Chose curieuse, l'idée du séducteur fait complètement défaut à l'hellénisme. Je ne songe pas le moins du monde à l'en féliciter, car, chacun le sait, les dieux comme les hommes n'étaient guère scrupuleux en amour; et je n'ai pas davantage envie d'en blâmer le christianisme, car il n'a cette idée qu'en dehors de lui. Et si l'hellénisme l'ignore, c'est que, pour lui, toute la vie est déterminée comme individualité. L'âme y est ainsi l'élément prépondérant, ou elle est toujours à l'unisson du sensuel. Pour lui, l'amour relève donc de l'âme, et non des sens, et c'est ce qui inspire à tout amour grec cette pudeur où il baigne. Les Grecs s'éprenaient d'une jeune fille; ils remuaient ciel et terre pour la posséder; s'ils y parvenaient, ils pouvaient s'en lasser et se mettre en quête d'un amour nouveau. Leur inconstance peut bien offrir une certaine ressemblance avec celle de Don Juan; pour ne citer qu'un nom, Hercule était bien capable de fournir une liste convenable, si l'on songe qu'il se chargeait parfois de familles entières comptant jusqu'à cinquante jeunes filles et en gendre accompli, venait à bout de toutes, suivant certaines relations, en une seule nuit. Il n'en diffère pas moins essentiellement de Don Juan; il n'est pas un séducteur. A la réflexion, en effet, on voit que pour les Grecs l'amour est, suivant son concept, essentiellement fidèle pour cette raison même qu'il relève de l'âme; c'est pur accident s'il arrive à l'individu d'aimer plusieurs femmes à l'égard desquelles chaque passion nouvelle est encore tout accidentelle; quand il en aime une, il ne songe pas à la suivante. Don Juan, au contraire, est essentiellement séducteur. Son héros ne relève pas de l'âme, mais des sens et, suivant son concept, l'amour sensuel n'est pas fidèle mais infidèle absolument; il n'aime pas une seule personne, mais toutes, c'est-à-dire qu'il les séduit toutes. Il ne réside, en effet,

Gens de qualité à l'ombre du bois, gravure, fin du XVII^e^ siècle.

que dans le moment, mais, envisagé dans le concept, le moment n'est que la somme des moments et c'est ainsi que nous avons le séducteur. L'amour chevaleresque relève aussi de l'âme – est par définition essentiellement fidèle; seul l'amour sensuel est par définition essentiellement infidèle. Mais cette infidélité à lui propre se manifeste encore d'une autre façon; il n'est jamais qu'une répétition. L'amour qui relève de l'âme comporte une double dialectique. D'une part, en effet, il implique le doute et l'inquiétude; il se demande s'il sera heureux, s'il verra son désir exaucé et sera payé de retour. L'amour sensuel ignore cette préoccupation. Même un Jupiter est incertain de sa victoire, et il ne peut en être autrement; bien plus, lui-même ne peut désirer qu'il en soit autrement. Il n'en est pas ainsi pour Don Juan; il est expéditif et il faut toujours le penser absolument victorieux. Cette assurance pourrait sembler un avantage en sa faveur, mais elle témoigne à vrai dire d'une indigence. D'autre part, l'amour qui relève de l'âme a encore une autre dialectique; en effet il diffère avec chaque individu objet de sa passion. C'est là sa richesse, sa plénitude. Il n'en est pas ainsi de Don Juan : il n'a pas le temps de discriminer; tout n'est pour lui qu'affaire du moment. La voir et l'aimer : c'est une seule et même chose, peut-on dire en un certain sens de l'amour sur le plan de l'âme; mais on ne fait de la sorte qu'indiquer un début. Le mot prend avec Don Juan une autre acception : la voir et l'aimer, c'est une seule et même chose, mais dans le moment; au même moment, tout est fini et l'aventure se répète à l'infini.

Sören Kierkegaard,
«Les Stades immédiats de l'Eros ou Eros et la musique. La généralité sensuelle comme séduction»,
*L'Alternative*, Ire Partie, 1843

## Du séducteur impie au magicien de la séduction

*C'est à partir du phénomène de séduction que se constitue donc le mot de «donjuanisme», qui ne désigne plus alors qu'une certaine forme de vie amoureuse.*

L'élément légendaire, l'orgueil satanique, et la vision de sa propre mort, disparurent donc plus tard quand le mythe de Don Juan évolua. Le donjuanisme demeura comme le témoin d'une certaine forme de vie amoureuse. C'est ainsi qu'il est arrivé jusqu'à nos jours.

Le repentir de Don Juan «quand il se produit» se glisse par la voie normale de la décadence physique. L'homme, à cette heure, est toujours proche des grandes crises d'angoisse pathétiques qui sont en quelque sorte le pressentiment de la mort. Ainsi d'un autre Don Juan réel, le fameux Lauzun, «le beau Lauzun», qui fit des ravages dans les cœurs féminins à la cour de Louis XIV et termina ses jours au couvent des Petits-Augustins de Paris. Quand il s'éteignit, raconte un de ses contemporains, «il avait encore bon aspect sous son habit de moine». Nous pouvons supposer qu'avant de rendre l'âme, il eut un dernier geste instinctif pour arranger d'une main incertaine les plis de son habit afin que, même après sa mort, les biographes lui trouvent «bon aspect». Inconsciemment, nous nous imaginons toujours Don Juan, même dans ces heures décisives, comme les peintres et les sculpteurs représentent sainte Marie-Madeleine, avec un reste de coquetterie voulue dans ses haillons de pénitente et une attitude un peu théâtrale, peut-être même légèrement provocante, en face de la tête de mort. Pour que personne n'oublie qu'elle avait «beaucoup aimé». […]

A travers l'évolution du donjuanisme, il est possible de suivre clairement les éléments circonstanciels dans ce type représentatif : son impiété, sa révolte et l'élément essentiel : sa puissance magique de séduction sur la femme. L'étude de cette discrimination est intéressante. Les trois versions qui permettent de juger cette évolution représentent trois points de repère significatifs : le Don Juan de Tirso de Molina, le Séducteur, l'impie qui meurt impénitent et qui est condamné. Celui de Zorilla qui est sauvé et détruit la légende de l'impiété en tant qu'élément essentiel. Enfin celui d'Azorin, le Don Juan moderne et pieux, chez lequel ne reste que l'élément éternel, le don magique de la séduction.

Cependant, le destin de Don Juan est d'être entouré d'un halo légendaire et il le sera perpétuellement. Car l'amour qui s'échappe du droit chemin pour s'en écarter ou pour s'envoler est un songe éternel de l'homme. Et ce songe nous apparaîtra toujours tel que nous le désirons et non pas tel qu'il est réellement.

Gregorio Marañon,
*Don Juan et la donjuanisme* [1958],
Gallimard, 1967

## Valmont et Merteuil, «donjuans» masculin et féminin

*C'est ainsi que Don Juan, devenu image du «donjuanisme», peut finalement être confondu avec les plus brillants des séducteurs de la littérature, en particulier avec ceux qui nourrissent les romans du XVIII<sup>e</sup> siècle. Giovanni Macchia, critique contemporain, est alors à même d'inclure les héros des* Liaisons dangereuses *de Laclos dans la longue liste de tous les Don Juan.*

Mais ce roman de Laclos nous présente aussi un cas exceptionnel dans l'histoire du Don Juan, une sorte de *monstrum* qui je crois est sans précédent : l'insatiable Don Juan devient femme. Il ne s'agit plus ici d'un de ces nombreux travestissements auxquels le XVIIIe siècle lui-même n'avait pas renoncé; Don Juan change véritablement de sexe. Dans les *Liaisons dangereuses* le vrai Don Juan n'est pas Valmont, mais la marquise de Merteuil. C'est elle qui guide les pas de Valmont, le dirige, le commande et le traite à juste titre d'apprenti quand il ose lui donner des conseils. Valmont est un excellent praticien mais le génie, la doctrine, l'art et la science, l'intelligence sont presque tous du côté de la Merteuil, et lorsque le prétexte de la vengeance vient à manquer, ce Don Juan bicéphale, coupé en deux, devient vraiment monstrueux.

Auparavant, la cruauté du séducteur était liée au plaisir de la séduction, c'était la conséquence inévitable de sa sensualité, ou de son goût pour les aventures. Ici, la cruauté se partage entre la Merteuil et Valmont. Chez le Don Juan traditionnel, la cruauté dérivait de la folie amoureuse : dans les *Liaisons dangereuses* elle a des motivations plus froidement diaboliques. Une fois satisfait le désir de vengeance, reste le plaisir de faire le mal : cette cruauté-là me semble plus forte et plus raffinée que celle de Iago, elle vise à obtenir, par tous les moyens, le «pouvoir», la supériorité sur tous les autres.

Giovanni Macchia,
*Vie, aventures et mort de Don Juan* [1978],
Editions Desjonquières, 1990

*Le héros,Valmont, écrit à son double féminin, la marquise de Merteuil et expose sa stratégie de séduction.*

D'abord, pour beaucoup de femmes, le plaisir est toujours le plaisir, et n'est jamais que cela; et auprès de celles-là, de quelque titre qu'on nous décore, nous ne sommes jamais que des facteurs, de simples commissionnaires, dont l'activité fait tout le mérite, et parmi lesquels, celui qui fait le plus est toujours celui qui fait le mieux.

Dans une autre classe, peut-être la plus nombreuse aujourd'hui, la célébrité de l'Amant, le plaisir de l'avoir enlevé à une rivale, la crainte de se le voir enlever à son tour, occupent les femmes presque tout entières : nous entrons bien, plus ou moins, pour quelque chose dans l'espèce de bonheur dont elles jouissent; mais il tient plus aux circonstances qu'à la personne. Il leur vient par nous, et non de nous.

L'*Eventail brisé*, estampe d'après Huet, fin du XVIIIe siècle.

Il fallait donc trouver, pour mon observation, une femme délicate et sensible, qui fît son unique affaire de l'amour, et qui, dans l'amour même, ne vit que son Amant; dont l'émotion, loin de suivre la route ordinaire, partît toujours du cœur, pour arriver aux sens; que j'ai vue, par exemple (et je ne parle pas du premier jour) sortir du plaisir tout éplorée, et le moment d'après retrouver la volupté dans un mot qui répondait à son âme. Enfin, il fallait qu'elle réunît encore cette candeur naturelle, devenue insurmontable par l'habitude de s'y livrer, et qui ne lui permet de dissimuler aucun des sentiments de son cœur. Or, vous en conviendrez, de telles femmes sont rares; et je puis croire que sans celle-ci, je n'en aurais peut-être jamais rencontré.

Il ne serait donc pas étonnant qu'elle me fixât plus longtemps qu'une autre, et si le travail que je veux faire sur elle exige que je la rende heureuse, parfaitement heureuse ! pourquoi m'y refuserais-je, surtout quand cela me sert, au lieu de me contrarier ? Mais de ce que l'esprit est occupé, s'ensuit-il que le cœur soit esclave ? Non, sans doute. Aussi le prix que je ne me défends pas de mettre à cette aventure ne m'empêchera pas d'en courir d'autres, ou même de la sacrifier à de plus agréables.

Choderlos de Laclos,
«Lettre d'un séducteur»,
in *Les Liaisons dangereuses*, 1782

## Don Juan libère la femme

*Contrairement à ce que peuvent dire les spécialistes de Tirso qui affirment que Don Juan punit les femmes, Otto Rank voit en Don Juan une sorte de héros émancipateur de la femme. C'est un autre aspect du mythe de Don Juan.*

Dans le cercle d'idées dans lequel l'histoire de Don Juan nous entraîne, nous nous trouvons donc en présence d'une phase d'évolution de la croyance à l'âme où la croyance primitive à l'immortalité, sous forme d'une survie matérielle par le corps lui-même, a fait place à la nouvelle croyance chrétienne en une immortalité divine par l'intermédiaire de l'âme. Mais l'homme veut maintenir son immortalité personnelle profondément ancrée en lui et il lutte, en conséquence, à la fois contre une immortalité génésique représentée par la femme et contre une immortalité collective promise par la religion. Mais la femme commence aussi maintenant à lutter pour son droit à une âme personnelle. Elle n'a plus de raisons de se laisser imposer un homme qui devait la féconder en *premier* au nom d'une croyance qui autrefois avait des avantages pour le mari, son possesseur véritable. Aussi paradoxal que cela puisse paraître, nous sommes obligés de voir dans le sujet du Don Juan le premier essai *par lequel la femme cherche à s'émanciper de la domination qu'exerce sur elle l'homme par la superstition sexuelle.* Aussi, c'est dans cette même Espagne qu'en conséquence elle est accusée par l'homme d'être associée au Diable et brûlée comme sorcière. En réalité, la femme s'est servie de l'homme et de sa crainte de la fécondation pour se soustraire à son joug. Mais d'un autre côté, Don Juan est aussi dans un certain sens le véritable émancipateur de la femme. Il libère la jeune fille des chaînes dans lesquelles la religion et la morale créées pour l'avantage de l'homme, l'ont emprisonnée, par le fait qu'il ne veut pas mettre sur elle son emprise définitive, mais seulement en faire une femme (surtout les nonnes enlevées au cloître). Mais il n'est pas un libérateur héroïque dans le sens de ce héros de légende qui sauve la vierge enfermée par un monstre pour la garder ensuite constamment pour lui-même. Il est plutôt un instrument sans volonté.

*Le Déjeuner en cabinet particulier*, chromo, fin du XIXe siècle.

Ce changement dans les conditions sexuelles, qui a encore son importance pour notre morale sociale actuelle, remonte à la croyance à l'âme créée par l'homme. Dans la lente régression et dans la suppression finale de cette croyance, la plus grande part revient à la femme. Si, au début, la femme ressentait non seulement comme son devoir mais comme un honneur religieux d'être fécondée par l'esprit divin, en la personne de son représentant terrestre (prêtre ou héros) avant d'appartenir à l'homme mortel, le conflit entre les efforts tenaces que faisait l'homme pour maintenir cette coutume favorable à ses idées sur l'immortalité et la résistance qui s'accroissait constamment chez la femme contre cette croyance à l'immortalité fit naître un autre jugement de valeur sur la moralité du rapport sexuel extra-conjugal. L'homme conserve le privilège, tacitement accordé, de maintenir dans le rapport prénuptial et extra-conjugal sa croyance devenue "illégitime" à l'âme, tandis que la femme et la mère s'éloignent de plus en plus de cette coutume dépourvue de son contenu spirituel. Si auparavant il y avait une classe privilégiée d'hommes représentant seulement l'outil de l'esprit divin, il existe depuis une classe honnie de femmes servant d'outils aux plaisirs sexuels de l'homme. C'est un complet renversement psychique et moral des idées fondées sur l'ancienne croyance à l'âme. Avant, les hommes se divisaient en deux catégories : ceux qui pouvaient féconder la femme avant le mariage grâce à leur pouvoir spirituel particulier et ceux qui partageaient avec la femme le plaisir sexuel dans le mariage. Maintenant ce sont les femmes qui se divisent d'après la sexualité en deux classes aussi nettement délimitées : celles qui continuent de servir l'homme en dehors du mariage c'est-à-dire sa croyance, déjà décadente, à l'âme et celles auxquelles appartient le rôle des mères, auxquelles les hommes doivent donner leur âme. Et voilà le sens spirituel profond du mariage, mais c'est lui aussi qui, dans la vie de famille, donne naissance aux conflits les plus tragiques.

Otto Rank,
*Don Juan, une étude sur le double,*
Denoël, 1932

## L'heureuse orgie

*Georges Bataille est sans ambiguité l'un des meilleurs représentanst de l'attitude critique qui consiste à mettre à l'écart l'obsession psychologique du «donjuanisme». Don Juan n'est pas un séducteur de cafés, pas plus qu'un prosaïque collectionneur de femmes, mais un homme de défi, un héros de l'orgie et de la transgression. Ainsi en juge l'auteur de* L'Histoire de l'œil.

Pour exprimer le mouvement qui va de l'exultation (de son heureuse, éclatante ironie) à l'instant de la déchirure, je recourrai une fois de plus à la musique.

Le *Don Juan* de Mozart (que j'évoque après Kierkegaard et que j'entendis – une fois du moins – comme si les cieux s'ouvraient – mais la première seulement, car après coup, *je m'y attendais* : le miracle n'opéra plus) présente deux instants décisifs. Dans le premier, l'angoisse – pour nous – est déjà là (le Commandeur est convié au souper), mais Don Juan chante : «Vivan le femmine! – Viva il buon vino! – Gloria e sostegno – d'umanità.»

Dans le second, le héros tenant la main de pierre du Commandeur – qui le glace – et pressé de se repentir – répond (c'est, avant qu'il ne tombe foudroyé, la dernière réplique) : «No, vecchio infatuato!»

(Le bavardage futile – psychologique – à propos de «donjuanisme» me surprend, me répugne. Don Juan n'est à mes yeux plus naïfs qu'une incarnation personnelle de la fête, de l'heureuse orgie, qui nie et divinement renverse les obstacles.)

Georges Bataille,
*L'Expérience Intérieure,*
Gallimard, 1943

## BIBLIOGRAPHIE

**A propos de Don Juan**

• *Avant-scène Opéra* n° 24, «Le Don Juan de Mozart», 1990.
• Dandrey, Patrick, *Dom Juan ou la critique de la raison*, Champion, 1993.
• Guicharnaud, Jacques, *Molière une aventure théâtrale*, Gallimard, 1963, p. 177-346.
• Jouve, Pierre-Jean, *Le Don Juan de Mozart*, Plon, 1968.
• Kierkegaard, Søren, *L'Alternative*, 1843.
• Macchia, Giovanni, *Vie, mort et aventures de Don Juan*, Ed. Desjonquères, 1978-1990.
• Maranon, Gregorio, *Don Juan et le donjuanisme*, traduit de l'espagnol par M. B. Lacombe, Stock, 1958; collection «Idées», Gallimard, 1967.
• Molho, Maurice, *Mythologiques*, José Corti, 1995.
• *Obliques*, n° 4-5, «Don Juan», Borderie, 1981.
• Rank, Otto, *Don Juan. Une étude sur le double*, traduction d'une nouvelle version allemande par S. Lautmann, Denoël, 1932. *Don Juan et le double*, Payot, 1973.
• Rousset, Jean, *Le Mythe de Don Juan*, Armand Colin, 1978.
• Sauvage, Micheline, *Le Cas Don Juan*, Le Seuil, 1953.
• Dumoulié, Camille, *Don Juan ou l'héroïsme du désir*, PUF, 1993.
• Assoun, Paul-Laurent, *Le Pervers et la Femme*, Anthropos, 1989.
• Kristeva, Julia, *Histoires d'amour*, «Folio», Gallimard, 1983.

**Versions littéraires de Don Juan**

**XVIIe siècle**

• Tirso de Molina, *El Burlador de Sevilla y Convidado de piedra*, comédie, 1630. Espagne.
• Anonyme, *Il Convitato di pietra*, commedia dell'arte, représenté après 1630. Italie.
• Pseudo-Cicognini, *Il Convitato di pietra*, opera esemplare, avant 1650. Italie.
• Anonyme, *L'Ateista fulminato*, milieu XVIIe siècle. Italie.
• Dorimon, *Le Festin de Pierre ou le Fils criminel*, tragi-comédie, 1659. France.
• Villiers, Claude Deschamps, Sieur de, *Le Festin de Pierre ou le Fils criminel*, tragi-comédie, 1660. France.
• Biancolelli, Domenico, *Le Festin de Pierre*, vers 1660, joué à Paris, repris dans les *Notes pour une commedia dell'arte*, traduction par T. S. Gueulette, in *Les Œuvres de Molière*, vol. II., Ed. Elzevier, Amsterdam, 1675. France.
• Molière, *Dom Juan ou le Festin de Pierre*, comédie, première présentation le 15 février 1665, édité en 1682. France.
• Rosimond, Claude Rose, Sieur de, *Le Nouveau Festin de Pierre, ou l'Athée foudroyé*, tragi-comédie, 1669. France.
• Acciaiuoli, F., *L'Empio punito*, dramma per musica, musique de Melani, 1669. Italie.
• Shadwell, Thomas, *The Libertine*, mis en musique par Purcell, 1676. Angleterre.
• Corneille, Thomas, *Le Festin de Pierre*, comédie (versification et adaptation du texte de Molière), 1677. France.
• Perrucci, A., *Il Convitato di pietra*, comédie, 1678-1690. Italie.

**XVIIIe siècle**

• Le Tellier, *Le Festin de Pierre*, opéra comique, 1713. France.
• Zamora, Antonio de, *No hay deuda que no se pague y Convidado de piedre*, comédie, 1714. Espagne.
• Goldoni, Carlo, *Don Giovanni Tenorio ossia il dissoluto*, joué en 1736, édité en 1760. Italie.
• Angiolini, G., et Gluck, *Don Juan*, ballet, 1761, texte en français, représenté à Vienne.
• Calegari, *Il Convitato di pietra*, dramma gracioso per musica, opéra, 1777. Italie, Venise.
• Righini, *Il Convitato di pietra o sia il dissoluto*, dramma tragicomico, opéra, 1777. Prague et Vienne.
• Tritto, *Il Convitato di pietra*, commedia per musica, opéra, 1783. Italie, Naples.
• Albertini, *Il Don Giovanni*, opéra, 1784. Varsovie.
• Fabrizi, *Il Convitato di pietra*, opéra, 1787. Italie, Rome.
• Gardi, *Il Nuova Convitato di pietra*, dramma tragicomico, opéra, 1787. Italie, Venise.
• Gazzaniga, Bertati, *Don Giovanni o sia il Convitato di pietra*, opéra, 1787. Italie, Venise.
• Mozart, Da Ponte, *Don Giovanni*, 1787. Prague.

**XIXe siècle**

• Rivière, *Le Grand Festin de Pierre*, scènes foraines, 1811. France.
• Hoffmann, E. T. A., *Don Juan*, conte fantastique, 1813. Allemagne.
• Byron, *Don Juan*, poème épique, 1819-1824. Angleterre.

• Grabbe, Ch., *Don Juan und Faust*, drame, 1829. Allemagne.
• Pouchkine, *L'Invité de pierre*, drame, 1830. Russie.
• Balzac, Honoré de, *L'Elixir de longue vie*, roman, 1830. France.
• Musset, Alfred de, *Namouna*, poème, 1832. *Une matinée de Don Juan*, 1833. France.
• Blaze de Bury, *Le Souper chez le commandeur*, poème dramatique, in *Revue des Deux Mondes*, 1834. France.
• Mérimée, Prosper, *Les Ames du purgatoire*, roman, in *Revue des Deux Mondes*, 1834. France.
• Dumas père, Alexandre, *Don Juan de Mañara ou la Chute d'un ange*, première représentation le 30 avril 1836. France.
• Gautier, Théophile, *La Comédie de la mort*, poème, 1838. France.
• Sand, George, *Lélia*, roman, 1839. France.
• Zorrilla y Moral, José, *Don Juan Tenorio*, drame en vers, 1844. Espagne.
• A. de Gobineau, *Les Adieux de Don Juan*, théâtre, 1844. France.
• Lenau, Nikolaus, *Don Juan, Ein dramatisches Gedicht*, drame, 1844 (publ. posthume, 1851). Allemagne.
• Baudelaire, Charles, «Don Juan aux enfers», poème, in *Les Fleurs du mal*, 1846. *La Fin de Don Juan* (ébauche de drame), 1853, (publ. posthume, 1887). France.
• Flaubert, Gustave, *Une nuit de Don Juan*, nouvelle, 1851. France.
• Villiers de L'Isle-Adam, «Hermosa», in *Premières Poésies*, 1859. France.
• Tolstoï, *Don Juan*, drame, 1862. Russie.
• Barbey d'Aurevilly, «Le Plus Bel Amour de Don Juan», nouvelle, in *Les Diaboliques*. 1866. France.
• Verlaine, Paul, «Don Juan pipé», poème, in *Jadis et naguère*, 1884. France.
• Strauss, Richard, *Don Juan*, poème symphonique à partir du texte de Lenau, 1887. Allemagne.
• Aicard, Jean, *Don Juan 89*, poème dramatique en cinq actes, 1889. France.
• Richepin, Jean, *L'Inconnue*, saynète, 1892; *Mille et Quatre*, saynète; 1892; in «Don Juaneries», in *Théâtre chimérique*, Paris, 1896. France.

**XX$^{e}$ siècle**

• Richepin, Jean, «Don Juan sauvé», in *Contes espagnols*, Paris, 1901. France.
• Shaw, Bernard, *Man and Superman*, théâtre, 1901-1903. Angleterre.
• Mounet-Sully, J., *La Vieillesse de Don Juan*, théâtre, 1906. France.
• Régnier, Henry de, *Les Scrupules de Sganarelle*, théâtre, 1908. France.
• Lubicz-Milosz, O. V. de, *Miguel de Mañara*, «mystère en six tableaux», 1912. En français.
• Oukrainka, L., *L'Amphitryon de pierre*, théâtre, 1912. Ukraine.
• Apollinaire, Guillaume, *Les Trois Don Juans : Don Juan Tenorio d'Espagne, Don Juan de Mañara de Flandres, Don Juan d'Angleterre*, roman, 1914. France.
• Zévaco, Michel, *Don Juan*, roman, 1916. France.
• Bataille, Henry, *L'Homme à la rose*, drame, 1920. France.
• Rostand, Edmond, *La Dernière Nuit de Don Juan* poème dramatique, 1921. France.
• Azorin, *Don Juan*, roman, 1922. Espagne.
• Lenormand, H., *L'Homme et ses fantômes*, théâtre, 1924. France.
• Del Valle-Inclan, R., *Las Galas del difunto*, pièce en un acte, 1925. Espagne.
• Machado Y Ruiz, Miguel et Antonio, *Juan de Mañara*, drame en vers, 1927. Espagne.
• Ghelderode, Michel de, *Don Juan*, théâtre, in *La Renaissance d'Occident*, 1928. France.
• Delteil, Joseph, *Don Juan*, roman, 1930. France.
• Colette, *Supplément à Don Juan*, 1931. France.
• Capek, K., «La Confession de Don Juan», in *Récits apocryphes*, nouvelle, 1932. Tchécoslovaquie.
• Unamuno, Miguel de, *El Hermano Juan o el Mundo es teatro*, comedia, 1934. Espagne.
• Horvath, O. von, *Don Juan kommt aus dem Krieg*, théâtre, 1935. Autriche.
• Jouhandeau, Marcel, *Carnets de Don Juan*, récit, 1947. France.
• Brecht, Bertolt, *Don Juan von Molière*, théâtre, 1952. Allemagne.
• Frisch, Max, *Don Juan ou l'amour de la géométrie*, théâtre, 1953-1961. Suisse allemande.
• Anouilh, Jean, *Ornifle ou le Courant d'air*, comédie représentée en 1955 à la Comédie des Champs-Elysées. France.
• Montherlant, Henri de, *Don Juan*, pièce en trois actes, représentée le 4 novembre 1958 au théâtre de l'Athénée. France.
• Roger Vailland, *Monsieur Jean*, théâtre, 1959. France.
• Des Forêts, René-Louis, «Les Grands Moments d'un chanteur», in *La Chambre des enfants*, récits, 1960. France.
• Maurois, André, «Don Juan ou la vie de Byron», in *Nouvelles Vies romantiques*, Hachette, 1967. France.
• Butor, Michel, *Une chanson pour Don Juan*, 1975. France.
• Laclavetine, Jean-Marie, *Don Juan*, «Folio», Gallimard. France.

## «DOM JUAN» AU THÉÂTRE

**Les grandes mises en scène contemporaines**

**Louis Jouvet, 1947**
Pour Louis Jouvet, «c'est de salut et de damnation qu'il est question dans le Dom Juan de Molière». Lorsque la statue apparaît, à la scène 5 de l'acte III, Dom Juan, qui a toujours eu un regard absent, soutient et affronte son regard : «Nous passons de l'athéisme qui méconnaît à l'athéisme qui refuse.»

**Jean Vilar, 1953**
Dom Juan est un héros athée, défenseur des libertés, et par le jeu du comédien, Vilar souligne à la scène 3 de l'acte II qu'il libère Charlotte de la tutelle que veut exercer sur elle Pierrot. Sganarelle apparaît, pour la première fois, comme le double de son maître.

**Marcel Bluwal, 1965**
Le téléfilm de Bluwal révèle Dom Juan comme un «suicidaire», conscient de sa mort prochaine qu'il accepte par refus du dogmatisme; la pièce est «une longue marche vers la mort» et Dom Juan traverse à cheval d'immenses espaces suivi par Sganarelle monté sur un âne.

**Patrice Chéreau, 1969**
Dom Juan montre des «conflits entre des groupes de pression, entre des personnes qui luttent pour le pouvoir». Un an après Mai 1968, Dom Juan meurt, assommé. Les machines, constamment présentes, symbolisent le pouvoir, «machine à tuer les libertins».

**Philippe Caubère, 1978**
Au théâtre du Soleil, Philippe Caubère accentue la dimension comique de la pièce. Dom Louis est un vieillard que l'on doit porter et qui peut à peine parler. Dom Juan à la fin se moque de la statue qui vient le chercher et lui fait un bras d'honneur.

**Antoine Vitez, 1979**
Vitez met l'accent sur le thème de l'hypocrisie. Dom Juan porte sur l'épaule une colombe, symbole de sa pureté intérieure alors que son visage, lourdement maquillé, ne révèle qu'une apparence.

**Roger Planchon, 1980**
Les décors et accessoires rappellent d'une façon presque obsédante la dimension religieuse de la pièce. Coiffée d'une cagoule et d'une couronne d'épines prostrée, Elvire reste sur scène pendant tout le deuxième acte et assiste à la mort de Dom Juan, alors que, montés sur des échasses, des personnages à l'allure ecclésiastique semblent surveiller la scène.

**Jacques Lassalle, 1993**
«J'avais l'idée d'un Dom Juan très intellectuel; je me suis rendu compte que que c'est aussi un homme sensuel, ivre de bonheur, de désir, d'envie de jouissance.» Création au Festival d'Avignon. «C'est un théâtre de la dépense mais avec des moments de silence, de proximité, de répit.»

**Les grands interprètes du rôle depuis 1965**

| | Interprètes | Metteurs en scène |
|---|---|---|
| 1965 | Michel Piccoli | Marcel Bluwal |
| 1978 | Philippe Caubère | Philippe Caubère |
| 1980 | Gérard Desarthe | Roger Planchon |
| 1984 | Niels Arestrup | Maurice Bénichou |
| 1987 | Francis Lalanne | Jean-Luc Moreau |
| 1987 | Jacques Weber | Francis Huster |
| 1989 | Pierre Arditi | Marcel Maréchal |
| 1989 | Philippe Avron | Beno Besson |
| 1991 | Gérard Desarthe | Jacques Rosner |
| 1993 | Andrzej Seweryn | Jacques Lassalle |

## FILMOGRAPHIE

• 1922 *Don Juan et Faust.* Réal. Marcel L'Herbier.
• 1926 *Don Juan*. Réal. Alain Crosland, avec John Barrymore. 1er film sonore de l'histoire du cinéma.
• 1934 *La Vie privée de Don Juan*. Réal. Alexandre Korda, avec Douglas Fairbanks Sr.
• 1949 *Les Aventures de Don Juan*. Réal. V. Sherman. Avec Erroll Flynn.
• 1952 *La Luxure*. Réal. Yves Allégret, d'après *Le Plus Bel Amour de Don Juan* de Barbey d'Aurevilly.
• 1955 *Don Juan*. Réal. John Berry, d'après Molière, avec Fernandel (Sganarelle).
• 1955 *L'Œil du diable*. Réal. Ingmar Bergman, avec Jarl Kulle et Bibi Anderson en pure jeune fille séduite par un envoyé du Malin car «la virginité d'une jeune fille est un orgelet dans l'œil du diable».
• 1965 *Dom Juan*. Réal. Marcel Bluwal, avec Michel Piccoli (Don Juan) et Claude Brasseur (Sganarelle).
• 1970 *Don Giovanni*. Réal. Carmelo Bene, d'après Barbey d'Aurevilly.
• 1973 *Don Juan*. Réal. Roger Vadim. Don Juan y est une femme, Brigitte Bardot.
• 1979 *Don Giovanni*. Réal. Joseph Losey, avec Ruggero Raimondi.
• 1998 *Don Juan*. Réal. Jacques Weber, avec Jacques Weber, Michel Boujenah, Emmanuelle Béart, Michaël Lonsdale, Denis Lavant…

# TABLE DES ILLUSTRATIONS


## COUVERTURE

1er plat Photo ayant servi d'affiche pour le film de J. Weber, *Don Juan*, 1998.
1er plat h Détail d'un fragment de papier peint à décor de scènes tirées des comédies de Molière, ici *Dom Juan entre Mathurine et Charlotte*, vers 1825. Bibl. nat., Paris.
Dos Manuel Garcia dans *Don Giovanni* de Mozart, litho. de G. Engelmann, vers 1840. Bibl. de l'Opéra, Paris.
2e plat *Don Juan*, peinture de Charles Ricketts, fin du XIXe siècle. Tate Gallery, Londres.

## OUVERTURE

1 Pierre Arditi dans le *Dom Juan* de Molière, mise en scène de Marcel Maréchal, Théâtre de la Criée, Marseille, 1989.
2 Jacques Weber et Fanny Ardant, m.e.s. de Francis Huster, Théâtre du Rond-Point, 1987.
3 Andrzej Seweryn et Jeanne Balibar, m.e.s. de Jacques Lassalle, Comédie-Française, 1993.
4 Ruggero Raimondi et Peter Rose dans le *Don Giovanni* de Mozart, m.e.s. de Yannis Kokkos, Théâtre antique d'Orange, 1996.
5 Fermin Reixach et Nuria Gallardo dans le *Don Juan Renorio* de Jose Zorilla, Madrid, 1983.
6 Roger Soyer et Kiri Te Kanawa dans le *Don Giovanni* de Mozart, m.e.s. de A. Everdine, Opéra de Paris, 1975.
7 Peter Meven et Ruggero Raimondi dans le *Don Giovanni* de Mozart, m.e.s. de Maurice Béjart, Genève, 1980.
2 à 7 fond Silhouettes extraites des scènes du *Don Giovanni* de Mozart, Lotte Reiniger, 1987.
9 *Don Juan*, peinture de Charles Ricketts, fin du XIXe siècle. Tate Gallery, Londres.

## CHAPITRE I

10 et 11 *La Mort et le jeune galant*, peinture de Pedro de Almagro, 1678. Hôpital de la Charité, Séville.
12 Scène d'un *auto sacramentale* de Calderòn, Madrid, vers 1660.
12-13 *Représentation théâtrale sur une place de Madrid*, peinture de Muñoz Morillejo, 1681. Musée municipal, Madrid.
13 *Portrait de Tirso de Molina*, peinture de Frère Antonio Manuel de Hartalejo. Bibliothèque nationale, Madrid.
14 *La ville et le port de Séville*, peinture de Alonso Sanchez Coello, XVIe siècle. Musée américain, Madrid.
14-15 *Portrait d'un jeune chevalier*, peinture de Alonso Sanchez Coello, XVIe siècle. National Gallery of Ireland.
15 Détail de la page de titre du *Burlador de Sevilla* de Tirso de Molina, 1630. Bibliothèque nationale, Madrid.
16 *Finis Gloriae Mundi*, peinture de Juan Valdès Léal, fin du XVIIe siècle. Hôpital de la Charité, Séville.
17h *Portrait de Miguel de Mañara*, peinture de Juan Valdès Léal, fin du XVIIe siècle. Hôpital de la Charité, Séville.
17b *In Ictu Oculi*, peinture de Juan Valdès Léal, fin du XVIIe siècle. Hôpital de la Charité, Séville.
18-19 *Représentation théâtrale sur la place d'un village italien*, peinture de Peter Van Lint, fin du XVIIe siècle. Musée civique, Crémone.
19 *Habit d'Espagnol*, eau-forte et burin de Nicolas Ier Bonnart. Bibl. nat., Paris.
20h *Farceurs français et italiens depuis 60 ans et plus*, peinture, 1670. Comédie-Française, Paris.
20b Page de titre du *Convitato di pietra*, Pseudo-Cicognini, édition de 1671. Bibl. nat., Paris.
21 *Molière reçu par Louis XIV à Versailles*, peinture de Jean-Hégésippe Vetter. Dépôt du Louvre au Sénat, Paris.
22 Détail d'une carte maritime, portulan du XVIe siècle. Bibliothèque nationale, Naples.
22-23 «Prise de dôme en Franche-Comté par le Roi le 16 février 1668», détail d'une tapisserie de la manufacture des Gobelins, atelier de Jean Mozin, intitulée *Suite de l'histoire du Roi* et tissée de 1665 à 1680. Versailles et Trianon.
24 *Portrait de François de La Mothe Le Vayer*, gravure, 1639.
25h *Molière en Saint-Jean-Baptiste*, peinture anonyme du XVIIe siècle. Musée de Vulliod Saint-Germain, Pézenas.
25b *Etude d'une religieuse*, dessin à la sanguine et au crayon de Lancret. Musée du Louvre, Paris.

## CHAPITRE II

26 *Don Juan, le duel*, aquarelle de Giuseppe Bernardino Bison, fin du XVIIIe siècle. Museo Civico Revoltella, Trieste.
27 Vignette gravée de Johann Friedrich Bolt d'après un dessin de Vincenz Kininger, sur la page de titre d'une partition pour piano de *Don Giovanni*. Bibl. nat., Paris.
28 Détail du texte de *Dom Juan* tiré des *Œuvres posthumes de J.-B. Poquelin dit Molière*, à Paris chez Denys Thierry, Claude Barbin et Pierre Trabouillet. Bibl. nat., Paris.
29h *Allégorie de l'odorat*, nature-morte en trompe l'œil : le tabac, peinture de Bernardo German y Llorente, début du XVIIIe siècle. Musée du Louvre, Paris.
29b *Dugazon en Sganarelle dans Le Festin de pierre*, gravure coloriée. Bibl. nat., Paris.
30 «La scène du pauvre», vignette gravée par Ernest Hillemacher, 1866. Bibl. nat., Paris.
30-31h *Frère Junipéro et le pauvre*, peinture de Bartolome Esteban, XVIIe siècle. Musée du Louvre, Paris.
30-31b Détail d'une édition de 1734 des *Œuvres complètes de Molière*. Bibl. nat., Paris.
31 Louis d'or frappé à

l'effigie de Louis XIV. Coll. Bourgey.
32h Frontispice gravé du *Festin de pierre* de Molière, édition nouvelle, à Amsterdam, 1683. Bibl. nat., Paris.
32b Détail du document reproduit en 33g. Bibl. nat., Paris.
33g Frontispice du *Festin de pierre*, gravure de J. Harrerwijn, édition des *Œuvres complètes* de Molière, Bruxelles, 1694. Bibl. nat., Paris.
33d Frontispice du *Festin de pierre* de Molière, gravure d'après Moreau le Jeune, édition par la Compagnie des Libraires Associés, 1773. Bibl. nat., Paris.
34h *La Carrière du roué* : «Le Roué à la taverne de la Rose», peinture de William Hogarth. Sir John Soane's Museum, Londres.
34b *La Balançoire (La Conversation intéressante)*, peinture de J.-B. Pater. Wallace Coll., Londres.
35 *Le Carnaval*, fresque de Gian Domenico Tiepolo (détail). Ca Rezzonico, Venise.
36 Détail de la page de titre du *Festin de pierre* de Thomas Corneille, mise en vers sur la prose de feu M. de Molière, 1683. Bibl. nat., Paris.
37h *Portrait de Carlo Goldoni*, peinture de Pietro Longhi. Casa Goldoni, Venise.
37m Page de titre de *The Libertine* de Shadwell, Londres, 1676. Bibl. nat., Paris.
37b *Il Dissoluto*, gravure extraite d'une édition des comédies de Goldoni, Venise, 1761. Bibl. nat., Paris.
38h *Portrait de Lorenzo Da Ponte, librettiste du Don Giovanni de Mozart*, gravure de Michele Pekenino d'après une miniature de Nathaniel Rogers, vers 1820.
38bg Buste de Mozart, marbre de Jean-Joseph Perraud. Château de Fontainebleau.
38bd Page de titre du livret de l'opéra de Mozart et Da Ponte *Don Giovanni*, Prague, 1787.
39 Maquette de décor pour l'acte II de *Don Giovanni*, aquarelle de Giulio III, 1789. Musée du Théâtre, Munich.
40h *Portrait de Jean Casanova*, gravure de Christoph Friedrich Boetius d'après Mengs, XVIII^e siècle.
40b Titre manuscrit (détail) par le chef de l'orchestre de Prague sur la première partition pour piano du *Don Giovanni*.
41h *Idem*.
41m Silhouette de Stephano Mandini, interprète de Don Giovanni dans l'opéra de Mozart au Burgtheater de Vienne en mai 1788, détail d'une gravure, vers 1887.
41b Manuscrit de Mozart pour le duo «Noi ci darem la mano». Bibliothèque Marciana, Venise.
42-43 *Don Juan, le défi*, aquarelle de Giuseppe Bernardino Bison, fin du XVIII^e siècle. Museo Civico Revoltella, Trieste.
43 «Herr Franz Wild en Don Juan», gravure coloriée, vers 1810. Österreichische Nationalbibliothek, Vienne.

## CHAPITRE III

44 *Don Juan*, peinture de Charles Ricketts, fin du XIX^e siècle. Scottish National Gallery of Modern Art.
45 *Octavio et Anna*, détail d'une gravure de Carl August Scwerdgeburth d'après un dessin de Johann Heinrich Ramberg, 1825.
46h *Personnages dans une barque sur la mer*, dessin à la plume et lavis d'encre brune d'Eugène Delacroix. Musée du Louvre, Département des Arts graphiques, Paris.
46b *Le Festin de pierre.*, détail d'un dessin de Barathier, 1815. Galerie Daniel Grenier.
47 *Haïdé découvrant le corps de Don Juan* (Byron), peinture de Ford Madox Brown. Musée d'Orsay, Paris.
48h «La Mort du gouverneur», gravure d'après photo, illustrant une édition de la tragédie de Grabbe, *Don Juan et Faust*, Leipzig, 1896.
48b Fragment de papier peint à décor de scènes tirées des comédies de Molière, vers 1825. Bibl. nat., Paris.
49 *Faust cherchant à séduite Marguerite*, litho. d'Eugène Delacroix. Bibl. nat., Paris.
50 *Don Juan, Zerline et Donna Anna*, peinture d'Alexandre-Evariste Fragonard, Musée des Beaux-Arts, Clermont-Ferrand.
51 *Don Juan et la statue du Commandeur*, peinture d'Alexandre-Evariste Fragonard. Musée des Beaux-Arts, Strasbourg.
52g Costume de M^lle Ida dans le rôme du bon ange, *Don Juan de Mañara* d'Alexandre Dumas, 1837. Bibl. nat., Paris.
52d Costume de Mélingue dans le rôle du mauvais ange, *Don Juan de Mañara* d'Alexandre Dumas, 1837. Bibl. nat., Paris.
53g Costume de Bocage dans le rôle de Don Juan, gravure de Maleuvre, *Don Juan de Mañara*, d'Alexandre Dumas, 1837. Bibl. nat., Paris.
53d *Don Juan de Mañara*, I^er acte, Alexandre Dumas, planche gravée de Célestin Nanteuil parue dans *Le Monde dramatique*. Bibl. nat., Paris.
54 Henriette Sonntag dans le rôle de Donna Anna, peinture. Coll. part.
55g *Donna Anna*, étude pour la composition d'une fresque sur *Don Juan* de Mozart, dessin au crayon avec rehauts blancs de Dominique Papety, vers 1845. Musée Fabre, Montpellier.
55d Nikolaus Lenau, daguerréotype, vers 1850.
56h José Zorilla, gravure. Bibl. nat., Madrid.
56b Illustration de *Lélia* de George Sand, gravure de William H. Robinson.
56-57 «Scène du duel», *Don Juan Tenorio* de José Zorilla, photo.
58g Pierrot, maquette de costume de Devéria pour une reprise du *Dom Juan* de Molière en 1847 à la Comédie-Française. Bibl. de la Comédie-Française.
58d Dom Juan, maquette de costume de Devéria, 1847. Bibliothèque de la Comédie-Française.

59g Donne Elvire, maquette de costume de Devéria, 1847. Bibl. de la Comédie-Française.
59d Sganarelle, maquette de costume de Devéria, 1847. Bibliothèque de la Comédie-Française.
60-61h Manuscrit autographe du *Plus Bel Amour de Don Juan* de Barbey d'Aurevilly. Bibl. nat., Paris.
60-61b Mme Cinti-Damoreau et Adolphe Nourit dans le *Don Giovanni* de Mozart, à l'Opéra Le Pelletier, gravure aquarellée, 1834. Bibl. nat., Paris.
62 Zerline dans *Don Giovanni* de Mozart, carte postale allemande, vers 1900. Bibl. des Arts décoratifs, Paris.
62-63 Décor de l'opéra *Don Giovanni* par A. Brioschi, XIXe siècle. Archives du Mozarteum, Salzbourg.
63 Francisco d'Andrade en Don Giovanni chantant «L'Air du champagne», photo, vers 1900.

CHAPITRE IV

64 Détail d'une scène de *Don Giovanni*, film de Joseph Losey d'après l'opéra de Mozart, 1978.
65 Louis Jouvet en Dom Juan, 1947.
66h *Le Bourreau des femmes*, couverture, éditions Tallandier, 1928.
66b Otto Rank et Sigmund Freud, détail d'une photo du «Comité» des psychiatres, Berlin, 1922.
67 *Le Baiser au XVIIIe siècle*, carte postale allemandre, 1919.
68h Image publicitaire des bouillons Liebig, acte II, scène 4 de l'opéra *Don Juan* de Mozart.
68b Image publicitaire des bouillons Liebig, acte II, scène 14 de l'opéra *Don Juan* de Mozart.
69 Denis d'Inès dans le rôle de Pierrot, *Dom Juan* de Molière à la Comédie-Française, 1917. Bibl. nat., Paris.
70-71 F. Huster et M. Sarcey dans *Don Juan ou l'amour de la géométrie* de Max Frisch, au Théâtre de l'Odéon, 1976.
71 Affiche annonçant la version cinématographique du *Don Juan Tenorio* de José Zorilla joué par la compagnie du théâtre Maria Guerrero de Madrid avec costumes et décor de Salvador Dali.
72g Gino Quilico et Patricia Rosario dans *Don Giovanni* au festival d'Aix-en-Provence, 1996.
72d Image télévisée de la mise en scène de Deborah Warner pour *Don Giovanni* au festival de Glyndebourne, 1996.
72-73 *Don Giovanni*, spectacle de marionnettes, opéra miniature de Salzbourg, 1993.
73 Eugene et Herbert Perry dans la mise en scène de Peter Sellars pour *Don Giovanni*, MC 93, Bobigny, 1989 .
74h Claude Brasseur et Michel Piccoli dans le *Dom Juan* de Molière, pièce télévisée de Marcel Bluwal, 1965.
74b Errol Flynn en Don Juan dans *Les Aventures de Don Juan*, film de Vincent Sherman, 1945.
75g Ruggero Raimondi en Don Juan dans *Don Giovanni*, film de Joseph Losey, 1978.
75d *Don Giovanni*, film de Joseph Losey, 1978.
76 Marcel Maréchal dans le rôle de Sganarelle dans *Dom Juan* de Molière, m.e.s. de Patrice Chéreau, Théâtre Gérard-Philipe, Sartrouville, 1969.
76-77 Antoine Vitez, acteur et metteur en scène du *Dom Juan* de Molière au Festival d'Avignon, 1978.
77g Daniel Sorano et Jean Vilar dans *Dom Juan* de Molière au Festival d'Avignon, 1953.
77d Francis Huster et Jacques Weber, m.e.s. de Francis Huster, Théâtre du Rond-Point, 1987.
78 Brigitte Fossey et Gérard Desarthe, m.e.s. de Roger Planchon au Théâtre de Villeurbanne, 1980.
78-79 Pierre Arditi dans le *Dom Juan* de Molière, m.e.s. de Marcel Maréchal, Théâtre de la Criée, Marseille, 1989.
79 Philippe Avron dans le rôle de Sganarelle, m.e.s. de Beno Besson à la Comédie de Genève, 1987.
80 Photo de répétition pour le *Dom Juan*, m.e.s. de Jacques Lassalle, Comédie-Française, 1993.

TÉMOIGNAGES ET DOCUMENTS

81 Gravure pour le *Dom Juan* de Molière, litho. d'après C. Deshays, milieu du XIXe siècle. Bibl. de l'Opéra, Paris.
82 Frontispice d'une édition de 1773, gravure d'après Moreau le Jeune. Bibl. nat., Paris.
85 *Le Festin de pierre*, gravure d'après Horace Vernet. Bibl. nat., Paris.
86 Gravure autrichienne illustrant l'opéra *Don Giovanni*, 1825.
88 Raphaël Duflos dans le rôle de Dom Juan à la Comédie-Française, 1917. Bibl. nat., Paris.
89 *Sganarelle*, dessin au crayon noir de Félix Braquemond. Musée du Petit-Palais, Paris.
90 Détail d'un décor de Christian Bérard pour le *Dom Juan* de Louis Jouvet, 1947. Bibl. nat., Paris.
91 Marcel Maréchal dans le rôle de Sganarelle, m.e.s. de Patrice Chéreau, Théâtre Gérard-Philipe, Sartrouville, 1969.
94 *Mozart composant Don Giovanni*, dessin de Theodor Mintrop, vers 1866. Kunstmuseum, Düsseldorf.
95g Zuccoli dans le rôle de Leporello, gravure aquarellée, vers 1820. Bibl. nat., Paris.
95d Eugénie Tadolini dans le rôle de Zerline à la Scala de Milan, dessin colorié, 1837.
96 Leporello déclamant la liste des conquêtes de son maître, détail d'une gravure autrichienne illustrant l'opéra *Don Giovanni*, 1825.
97 *Le Naufrage de Don Juan*, détail d'une litho. de Delpech d'après Horace Vernet illustrant le *Don Juan* de Byron.
98 *Gens de qualité à l'ombre du bois*, gravure, fin du XVIIe siècle.
101 *L'Eventail brisé*, estampe d'après Huet, fin du XVIIIe siècle.
103 *Le Déjeuner en cabinet particulier*, chromo, fin du XIXe siècle.

## INDEX


### A

Aicard, Jean 61.
*Alternative, L'* (Kierkegaard) 62.
*Ames du purgatoire, Les* (Mérimée) 55.
Andrade, Francisco d' *63.*
Angiolini 38.
Arditi, Pierre *78.*
*Ateista fulminato, L'* (anonyme) 18, *20.*
*Athée foudroyé, L'* (Rosimond) *20, 31.*
*Autos sacramentales 12, 13.*
Avron, Philippe *78.*

### B

*Banquet, Le* (Kierkegaard) 62.
Barbey d'Aurevilly, Jules 61, *61.*
Bardot, Brigitte 75.
Barrymore, John 74, *74.*
Baudelaire, Charles 60.
*Bel Ami* (Maupassant) 63.
Bene, Carmelo 75.
Berry, John 75.
Bertati 37, 38.
Besson, Beno 76, *78.*
Blaze de Bury 60.
*Souper chez le commandeur, Le* (Blaze de Bury) 60.
Bluwal, Marcel 74, *75,* 76.
Boutté, Jean-Luc 78.
Brancati 75.
Brasseur, Claude *75.*
Brecht, Bertolt *68,* 69.
*Burlador de Sevilla, El,* voir *Trompeur de Séville.*
Busch, Fritz 72.
Byron, lord 47, *47.*

### C

Calderòn *12.*
Caubère, Philippe 77.
Chéreau, Patrice 76.
Cicognini *20.*
Cinti-Damoreau, Laure *61.*
*Clarisse Harlowe* (Richardson) *35.*
*Comédie de la mort, La* 52.
Comédie-française *57, 68, 79.*
Comédiens-Italiens 18, 20.
*Commedia dell'arte 19, 20,* 21.
Condé 20.
*Contre-mode, La* (Fitelieu) *24.*
Contre-réforme *12.*
*Convitato di pietra, Il* (attribué à Cicognini) 18, *20.*
*Convive de pierre, Le,* voir *Convitato di pietra.*
Corneille, Thomas 33, 36, *36, 57.*
Crosland, Alan 74, *74.*

### D

Da Ponte *27,* 36-43, *38, 39.*
Dali, Salvador *71.*
Delacroix, Eugène *47, 49.*
Delteil, Joseph 69.
*Dernière Nuit de Don Juan, La* (Rostand) 66.
Desarthe, Gérard *78.*
*Dom Juan* (Corneille) *36.*
*Dom Juan ou le Festin de pierre* (Molière) 20, *21,* 23-25, *23,* 25, 28-33, *30, 31,* 36.
*Don Giovanni* (Losey) *65,* 74, *75.*
*Don Giovanni* (Mozart) 38-43, *38, 39, 41, 42, 43,* 47, *54, 61, 72, 73,* 74.
*Don Giovanni explains* (Shaw) 67.
*Don Giovanni in Sicilia* (Lattuada) 75.
*Don Juan de Mañara ou la chute d'un ange* (Dumas père) 53-54, *52, 53.*
*Don Juan de Mozart, Le* (Jouve) 69.
*Don Juan et Faust* (Grabbe) *45, 48, 49.*
*Don Juan et le double* (Rank) 66.
*Don Juan ou l'amour de la géométrie* (Frisch) 70, *71.*
*Don Juan ou les Amants chimériques* (Ghelderode) *70.*
*Don Juan Tenorio* (Zorilla) 57-60, *71.*
*Don Juan von Molière* (Brecht) 69.
*Don Juan, satire épique* (Byron) 47.
Dorimon *20,* 21, *31.*
Dumas, Alexandre père *52.*

### F

Fairbanks, Douglas *74.*
*Faust* 48.
*Festin de pierre ou le Fils foudroyé, Le* (Dorimon et Villiers) 21, 22-23, *23.*
Fitelieu *24.*
Flaubert, Gustave 60.
*Fleurs du mal, Les* (Baudelaire) 60.
*Flynn, Errol 74.*
Foucault, Michel 71.
Fragonard, Evariste *49.*
Freud, Sigmund 66, *66.*
Frisch, Max 70, *71.*
Furtwängler, Wilhelm 73.

### G

Gassendi *24.*
Gautier, Théophile 52.
Gazzaniga 38.
Ghelderode, Michel de 70.
Glück 38, *39.*
Goethe, Johann, Wolfgang von 48.
Goldoni, Carlo 37, *37,* 38, 54.
Grabbe, Christian Dietrich *45, 48,* 49, 52, 56.

### H - I

Haitink, Bernard 73.
Hall, Peter 73.
Hoffmann, E. T. A. 47, 54, *54.*
Hogarth *35.*
Hossein, Robert 75.
Huster, Francis *71, 77.*
Inès, Denis d' *68.*
*Invité de pierre, L'* (Pouchkine) 52.

### J - K

Jouve, Pierre-Jean 69.
Jouvet, Louis *65,* 76.
Karajan, Herbert von 73.
Kierkegaard, Søren Aabye 62.
Korda, Alexandre *74.*

### L

La Grange 28.
La Mothe Le Vayer, François de *24.*
Laclos, Pierre Choderlos de *35.*
Lassalle, Jacques 78, *79.*
Lattuada 75.
*Lélia* (Sand) 57, *57.*
Lenau, Nikolaus 54, *55,* 61.
*Liaisons dangereuses, Les* (Laclos) *35.*
*Libertine, The* (Shadwell) 37.
Libertins, libertinage *35.*
Losey, Joseph *65,* 74, *75.*

### M

Maazel, Lorin 74.
Madox, Ford *47.*
Mañara, Don Miguel de *16, 17.*
Maréchal, Marcel 76, *78.*
Maupassant, Guy de 63.
Mérimée, Prosper 55.
Meyerhold *68,* 76.
Milosz 69.
Molière 20-21, *20, 21,* 23-25, *23, 24, 25, 27,* 28-36, *31, 32,* 36, 38, *46,*

*57, 65, 68,* 74, 75, *75,* 76, *77.*
Molina, Tirso de 13-14, *13,* 16, *17, 19, 20,* 21, 60, 69, 71.
*Monsieur Jean* (Vailland) 69.
Montherlant, Henri de 70.
Mozart, Wolfgang Amadeus *27,* 36-43, *38,* 54, *54, 65,* 71, *72, 73, 75.*
Musset, Alfred de 46.

N - P - Q

*Namouna* (Musset) 46.
*Noces de Figaro, Les* 36, 39.
Nourrit, Adolphe *61.*
*Nouveau Festin de pierre, Le* (Rosimond) *20.*
*Nouvelles musicales* (Hoffmann) 47, *54.*
Palatine, princesse 20.
Perrucci 37.
Piccoli, Michel *75.*
Planchon, Roger *78.*
*Plus Bel Amour de Don Juan, Le* (Barbey d'Aurevilly) 61, *61.*
Pouchkine, Alexandre, Sergueievitch 52, 56, 70, 71.
Purcell (Frank) 37, *37.*
Quilico, Gino *73.*

R

Raimondi, Ruggero 74, *75.*
Rank, Otto 66, *66.*
Richardson, Samuel *35.*
Ronet, Maurice 75.
Roquelaure 24-25.
Rosimond *20.*
Rostand, Edmond 67.
Rozario, Patricia *73.*

S

*Saint Don Juan* (Delteil) 69.
Sand, George 57, *57.*
Scaramouche *20.*
Scène du pauvre *30,* 31, *31.*
Sellars, Peter *73.*
Shadwell *37.*
Shaw, George Bernard 67.
Sobel, Bernard 77.
Sontag, Henriette *54.*
Sorano, Daniel *77.*
Stendhal *62.*
Strauss, Richard 61.

T - V

Tabac (éloge) *28, 36.*
*Tartuffe* (Molière), 20, *21,* 32.
Téllez, Fray Gabriel, *voir* Molina.
Tolstoï, Léon 60.
*Trompeur de Séville et l'Invité de pierre, Le 15.*
*Trompeur de Séville, Le* 14-16, 21.
Vadim, Roger 75.
Vailland, Roger 69, 70.
*Vie de Henry Brulard* (Stendhal) *62.*
*Vie privée de Don Juan, La* (Korda) *74.*
Vilar, Jean 76, *77.*
Villiers *20,* 21, 22, *23, 31.*
Vitez, Antoine 77, *77.*

W - Z

Warner, Deborah *72.*
Weber, Jacques *77,* 78.
Zorilla, José 57, *57,* 70, *71.*

## CRÉDITS PHOTOGRAPHIQUES

Aisa, Barcelone 5, 10, 11, 13, 14-15, 17b, 71. AKG, Paris 38h, 38bd, 39, 40b, 41h, 41m, 43, 45, 48h, 55d, 63, 74b, 86, 94, 95d, 96. Bernand, Paris 72g, 76, 76-77, 91. Bibliothèque nationale, Paris 1er plat h de couv., 19, 20b, 27, 28, 29b, 30, 30-31b, 32h, 32b, 33g, 33d, 36, 37m, 37b, 48b, 49, 52g, 52d, 53d, 60-61h, 60-61b, 69, 82, 85, 88, 90, 95g. © Blue Dahlia 1er plat de couv. Bulloz, Paris 89. Jean-Loup Charmet, Paris Dos de couv., 40h, 46b, 54, 58g, 58d, 59g, 59d, 62, 66h, 67, 81, 98, 101, 102. Christophe L., Paris 64, 74h, 75g, 75d. © Ph. Coqueux/Specto 2, 3, 4, 78. Dagli-Orti, Paris 18-19, 35, 37h, 41b, 62-63. Droits réservés 22, 72d. Edimedia, Paris 31, 44, 53g. Enguerrand, Paris 79, 80. Enguerrand/Agnès Varda 77g. Giraudon, Paris 20h, 25h, 42-43, 56b. Giraudon/Bridgeman 34h, 34b. Heliopolis Verlag, Tübingen 2 à 7. Magnum/Erich Lessing, Paris 6. Mas, Barcelone 12, 16, 17h. Musée des Beaux-Arts de Clermont-Ferrand 50. Musée des Beaux-Arts de Strasbourg 51. Musée Fabre, Montpellier 55g. Oroñoz, Madrid 12-13, 14, 15, 56h, 56-57. Réunion des musées nationaux, Paris 21, 22-23, 25b, 26, 29h, 30-31h, 38bg, 46h, 47. Roger-Viollet, Paris 24, 65, 70-71, 77d, 97. © Patricia Rose 1, 7, 73, 78-79. Selva photographies, Paris 68h, 68b. Sygma, Paris 72-73. Tate Gallery, Londres 2e plat de couv., 9. © Ullstein Bilderdienst, Berlin 66b.

## ÉDITION ET FABRICATION

**DÉCOUVERTES GALLIMARD**
DIRECTION Pierre Marchand et Elisabeth de Farcy.
DIRECTION DE LA RÉDACTION Paule du Bouchet.
GRAPHISME Alain Gouessant.
FABRICATION Claude Cinquin.
PROMOTION & PRESSE Valérie Tolstoï.

**DON JUAN, MILLE ET TROIS RÉCITS D'UN MYTHE**
EDITION ET ICONOGRAPHIE Odile Zimmermann.
MAQUETTE Valentina Lepore (Corpus), Dune Lunel (Témoignages et Documents).
LECTURE-CORRECTION Catherine Lévine et Jocelyne Marziou.
PHOTOGRAVURE Arc-en-ciel.

# Table des matières

**I LE DON JUAN ESPAGNOL ET SA DESCENDANCE LIBERTINE**
12 Le théâtre et le sacré
14 Les méfaits du «burlador»
16 Les vanités du monde
18 Don Juan sur les tréteaux d'Arlequin
20 Le répertoire français
22 Les aventures du fils criminel
24 Les plaisirs du blasphème

**II DE MOLIÈRE À MOZART**
28 L'éloge du tabac
30 La «scène du pauvre»
32 Un souper maléfique
34 Le libertinage change de sens
36 «Dissoluto»
38 «Punito»
40 Don Juan et Casanova
42 «Non mi pento»

**III LE REBELLE ET LE SÉDUCTEUR**
46 Le naufragé
48 Don Juan et Faust
50 «Donnez-moi la main»
52 Le retour de Miguel de Mañara
54 Celle qui se sacrifie
56 Lélia, Inès et les autres…
58 Molière à la Comédie-Française
60 «Le plus bel amour de Don Juan»
62 Champagne !

**IV LE COUREUR, LE STRATÈGE ET LE MYSTIFICATEUR**
66 Une certaine forme de vie amoureuse
68 La défense des humbles
70 Tous les don juan du monde
72 Le festival des «Don Giovanni»
74 Le coup d'œil du séducteur
76 L'actualité du dialogue
78 Don Juan, homme du présent

**TÉMOIGNAGES ET DOCUMENTS**
82 Pourquoi commencer par la fin ?
88 Don Juan au théâtre
94 «Don Giovanni», opéra de la vie et de la mort
96 Du libertinage au donjuanisme